Ángel Moreno, de Buenafuente

REVESTIDOS DE PERDÓN

Invitados a bodas

NARCEA, S.A. DE EDICIONES

Paseo Imperial 53-55. 28005 Madrid. España
www.narceaediciones.es

ISBN papel: 978-84-277-3156-1
ISBN ePdf: 978-84-277-3157-8
ISBN ePub: 978-84-277-3158-5
Depósito legal: M-7845-2024

Impreso en España. Printed in Spain

ÍNDICE

INTRODUCCIÓN

"Bienaventurados los invitados
al banquete de bodas del Cordero"
(Apc 19, 9).

En la celebración de las bodas, los contrayentes se ponen uno al otro la alianza, el anillo que manifiesta públicamente el compromiso contraído entre ellos. El término alianza, en hebreo בְּרִית (Berit), significa pacto, tratado o contrato. En la Biblia aparece en un principio como recuerdo de los pactos hititas y de las estipulaciones que en ellos se describen.

La Sagrada Escritura revela que Dios, a diferencia del rey victorioso, en caso de que el pueblo no lo reconozca o aparte su corazón de Él, rindiendo culto a dioses falsos, en vez de vengarse, propone un nuevo pacto, una nueva alianza de paz. "La respuesta divina a la enfermedad del pecado no es la condena, sino la gracia ganadora" (Vincent Pizzuto, *Contemplar a Cristo*, 63).

Así, se puede ver que cuando Adán y Eva desobedecen, en vez de fulminarlos, Dios les hace unos vestidos para salvarlos de su vergüenza; cuando

Noé sale del arca, Dios le asegura que no matará al hombre y como señal, colgará su arco de guerrero en el firmamento; Dios establece con Abraham una alianza perdurable, lo hace padre de un gran pueblo e impide que sacrifique a su hijo.

Cuando el Señor pacta la alianza con Israel, le asegura su protección y acompañamiento. Dios se compromete, por Él mismo, a ser fiel: "Yo soy el Dios de tu padre Abrahán; no temas, porque yo estoy contigo. Te bendeciré y multiplicaré tu descendencia en atención a mi siervo Abrahán" (Gn 26, 24). De manera semejante a la fidelidad que Dios manifiesta con Abraham, los textos bíblicos aluden a la fidelidad con David, cuando el Señor dice a Salomón: "En atención a David, tu padre, tampoco le arrancaré todo el reino, en atención a David, mi siervo" (1Re 11, 12-13).

Y canta el salmo: "Le mantendré eternamente mi favor, y mi alianza con él será estable" (Sal 88, 29). "Yo haré de escudo a esta ciudad para salvarla, por mi honor y el de David, mi siervo" (2Re 19, 24). "El Señor es fiel a sus palabras" (Sal 144, 13). "No violaré mi alianza ni cambiaré mis promesas. Una vez juré por mi santidad no faltar a mi palabra con David" (Sal 88, 35-36).

De tal forma que el apóstol Pablo llega a afirmar: "Si somos infieles, él permanece fiel, porque no puede negarse a sí mismo" (2Tm 2, 13). Estas citas pueden interpretarse como un intento de concordismo; sin embargo, son afirmaciones reveladas que dan certeza a quienes las acogen con fe, no solo de la fidelidad divina, sino de su opción de amor por la humanidad. Solo ampliando el contexto de un término bíblico se descubre mejor el significado de la imagen o de la palabra, y en este caso, sobresale que por encima de todo, Dios es fiel y por su parte no se romperá nunca la Alianza.

A medida que transcurre la revelación, evoluciona el concepto de alianza: de ser un contrato o un pacto, pasa a concretarse en una relación personal de amor, en la que Dios aparece enamorado, como el esposo con su esposa. Así lo describen diversos libros sagrados, especialmente los libros proféticos:

> "Pasé otra vez a tu lado, te vi en la edad del amor; extendí mi manto sobre ti para cubrir tu desnudez. Con juramento hice alianza contigo –oráculo del Señor Dios– y fuiste mía" (Ez 16, 8).

Sin duda, este otro texto del Cantar de los Cantares explicita de manera poética hasta dónde llega el amor de Dios a su criatura:

> "Habla mi amado y me dice: «Levántate, amada mía, hermosa mía y vente». Mira, el invierno ya ha pasado, las lluvias cesaron, se han ido. Brotan las flores en el campo, llega la estación de la poda, el arrullo de la tórtola se oye en nuestra tierra" (Cant 2, 10-12).

Por la Encarnación del Verbo se ha consumado el proyecto divino de hacer alianza con el hombre. En expresión del Cuarto Evangelio, "el Verbo se hace carne". El Verbo se desposa y asume en su única persona nuestra naturaleza. En Jesús, el hombre es Dios y Dios es hombre. Ya no nos une con Dios un pacto sino una relación de amor. Ya no dependemos de un contrato, sino que ha acontecido la entrega divina por amor, consumada en la donación total de Jesús en la Cruz.

La Plegaria I de la Reconciliación, reza en el prefacio: "Muchas veces los hombres hemos quebrantado tu alianza: pero tú, en vez de abandonarnos, has sellado de nuevo con la familia humana, por Jesucristo, tu Hijo, nuestro Señor, un pacto tan sólido, que ya nada lo podrá romper". Esta es la base de la mística cristiana. "No es simplemente que Cristo habite en nosotros, sino que Cristo es «infinitamente yo mismo»" (Vincent Pizzuto, *Contemplar a Cristo*, 33).

Sorprendentemente, en muchos casos, antes que el hombre responda a la llamada de Dios, antes de que tome conciencia de los dones recibidos y pueda ser respuesta generosa y agradecida, el Creador ha derramado en la criatura su amor divino. Se puede decir que somos recipientes remecidos del amor de Dios.

Desde esta posible interpretación, las palabras que escuchan los profetas –"Antes de formarte en el vientre te consagré"–, y de manera especial María, la madre de Jesús –"Alégrate, llenada de gracia"–, consideraremos los diferentes capítulos, desde una perspectiva receptiva, de una pasividad activa, con los títulos: "Llamados", "Redimidos", "Enamorados", "Bendecidos". Aunque también "Tentados", "Heridos", "Perdonados", "Levantados", "Amados de Dios".

COMPADECIDOS

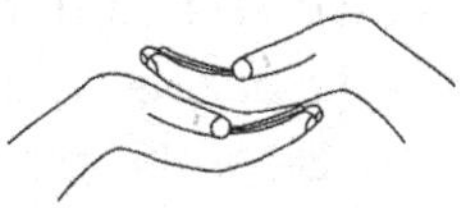

"Aunque los montes cambiasen
y vacilaran las colinas, no cambiaría mi amor, ni vacilaría mi alianza de paz dice el Señor que te quiere"
(Isa 54, 10).

"Sellaré con vosotros una alianza perpetua"
(Isa 55, 4).

Eterna
(Jr 32, 40).

Haré con ellos una alianza eterna: yo seré su Dios
y ellos serán mi pueblo
(Bar 2,35).

"Haré con la casa de Israel y la casa de Judá
una alianza nueva"
(Jr 31, 31).

Yo estableceré mi alianza contigo y reconocerás
que yo soy el Señor
(Ez 16, 62).

"El Señor hizo con él una alianza de paz"
(Eclo 45, 24).

LA ALIANZA

Por los textos citados, se comprende el alcance de la voluntad de Dios de ofrecer a su pueblo una alianza perpetua: alianza de paz, eterna y de amor. A la hora de centrar nuestra contemplación en lo que es el corazón de las Sagradas Escrituras, consideramos el eje transversal de toda la Biblia y el hilo conductor de la revelación: la Alianza. Dios desea establecer con el ser humano una amistad como la que mantenía con Moisés, según el libro del Éxodo: "El Señor hablaba con Moisés cara a cara, como habla un hombre con un amigo" (Ex 33, 11). "El objetivo de la vida espiritual es encontrarse con Dios, conocerlo y caminar juntos como lo harían dos amigos" (Janet P. Williams, *Un Dios que es siempre más*, 23). Y no solo se trata de una relación de amistad, sino de unión.

Esta afirmación siempre nos parece exagerada, pero según la revelación cristiana, Dios se encarna en nuestra naturaleza y la une sin confusión a la suya en su Hijo, el Hijo de María.

La Alianza divina se explicita a lo largo de la Historia Sagrada. Según los distintos contextos culturales, se expresa con diversos lenguajes e imágenes, hasta llegar al momento cumbre, la plenitud del tiempo, en el que Dios se manifiesta enamorado de la humanidad, y Él mismo se hace hombre en su Hijo. El Verbo hecho carne revela una Alianza nueva y eterna. Jesús, según el Cuarto Evangelio, se presenta como novio, tal como lo confiesa el Precursor: "Yo no soy el Mesías, sino que he sido enviado delante de él". "El que tiene la esposa es el esposo; en cambio, el amigo del esposo, que asiste y lo oye, se alegra con la voz del esposo; pues esta alegría mía está colmada" (Jn 3. 28-29).

San Pablo, cuando habla del matrimonio, lo refiere a Cristo respecto a su Iglesia:

> "Pues nadie jamás ha odiado su propia carne, como Cristo hace con la Iglesia, porque somos miembros de su cuerpo. Por eso dejará el hombre a su padre y a su madre, y se unirá a su mujer y serán los dos una sola carne. Es este un gran misterio: y yo lo refiero a Cristo y a la Iglesia" (Ef 5, 30-32).

De esta verdad se comprende hasta qué extremo lo que hagamos a un semejante se lo hacemos a Cristo:

> "Si odio a mis hermanos, odio a Dios. Si tengo miedo a la gente, le tengo miedo a Dios. Si no tengo amigos, tampoco Dios es mi amigo. Si atropello a quienes me rodean, es a Dios a quien atropello..." (Franz Jalics, *Manual de oración*, 30).

El creyente cristiano ha tenido que personalizar de alguna manera su pertenencia a Dios. En tantos casos, sobre todo entre los conversos, la razón por la que uno se adhiere a Jesucristo es por haber tenido la experiencia transformadora del amor de Dios. Quienes narran el momento de su conversión aluden de una u otra manera al sentimiento casi físico de saberse amados, de quedar inundados de luz, de tal forma que señalan un antes y un después en su historia, aunque después tengan que reconocer su debilidad.

"Dios es amor, y quien permanece en el amor permanece en Dios y Dios en él" (1 Jn 4, 16). Se ha hecho axioma el pensamiento de Benedicto XVI: "No se comienza a ser cristiano por una decisión ética o una gran idea, sino por el encuentro con un acontecimiento, con una Persona, que da un nuevo horizonte a la vida y, con ello, una orientación decisiva" (DCe 1). Si recorremos las Sagradas Escrituras, encontramos textos que avalan la declaración amorosa de Dios.

ALIANZA DE AMOR

Estamos invitados a celebrar la Alianza de amor, a participar en el banquete de bodas. Dios nos da el ser por amor, y nos deja ser. "Venid a mí todos los que estáis cansados y agobiados, y yo os aliviaré. Tomad mi yugo sobre vosotros y aprended de mí, que soy manso y humilde de corazón, y encontraréis descanso para vuestras almas" (Mt 11, 28-29). "El manso es el que deja al otro ser lo que es, aunque el otro sea el arrogante, el prepotente, el matón" (Norberto Bobbio, cf. Armando Matteo, *Conversión de Peter Pan*, 108).

Pocas veces interpretamos el texto sagrado como relación personal de Dios con cada uno, y sin embargo, las Sagradas Escrituras contienen las declaraciones e invitaciones más explícitas del amor de Dios. "Leemos la Biblia como si fuera un manual de instrucciones en lugar de una colección de poemas de amor" (Janet Williams, *Un Dios que es siempre más,* 201). La clave para interpretar sapiencialmente la Biblia está en acoger el mensaje de quien, siendo Dios, desea relacionarse con el ser humano.

"En el cristianismo, en su centro, no hay un lugar sagrado, ni un libro sagrado, ni un símbolo venerado, sino una persona encarnada, un corazón humano, el de Jesús de Nazaret" (Vincent Pizutto, *Contemplar a Cristo,* 27).

El profeta Jeremías adelantaba los tiempos mesiánicos:

> "Ya llegan días –oráculo del Señor– en que haré con la casa de Israel y la casa de Judá una alianza nueva. No será una alianza como la que hice con sus padres, cuando los tomé de la mano para sacarlos de Egipto, pues quebrantaron mi alianza, aunque yo era su Señor. Pondré mi ley en su interior y la escribiré en sus corazones; yo seré su Dios y ellos serán mi pueblo. No tendrán que enseñarse unos a otros diciendo: « Conoced al Señor », pues todos me conocerán, desde el más pequeño al mayor –oráculo del Señor–, cuando perdone su culpa y no recuerde ya sus pecados"(Jr 31, 31-34).

DIOS NOS SALVA DE LA VERGÜENZA

Si hacemos un recorrido por los pasajes que más revelan el amor de Dios por el hombre, la narración bíblica del origen de la humanidad describe hasta qué extremo se muestra compasivo el Creador a pesar de la desobediencia de Adán y de Eva, que incluso llega a hacerles unas túnicas que los libren de la vergüenza al verse desnudos: "Cuando oyeron la voz del Señor Dios que se paseaba por el jardín a la hora de la brisa, Adán y su mujer se escondieron de la vista del Señor Dios entre los árboles del jardín. El Señor Dios llamó a Adán y le dijo: «¿Dónde estás?» Él contestó: «Oí tu ruido en el jardín, me dio miedo, porque estaba desnudo, y me escondí». (...) El Señor Dios hizo túnicas de piel para Adán y su mujer, y los vistió" (Gn 3, 8-10.21).

Los vestidos que Dios confecciona y ofrece a Adán y a Eva, no solo son prendas para cubrir la desnudez, sino que a la luz de toda la Revelación, toman el significado más sobrecogedor al relacionarse con la túnica que Jesús, desnudo en la Cruz, nos deja para librarnos de la vergüenza, y también para que nos sintamos hijos de Dios.

El Verbo de Dios se revistió de nuestra naturaleza para que la humanidad entera se revista del hombre nuevo, Cristo. "Revestíos de la nueva condición humana creada a imagen de Dios: justicia y santidad verdaderas" (Ef 4, 24).

DIOS SE ENAMORA DE LA HUMANIDAD

Los que definen a Dios como vengativo, juez severo y castigador, que actúa como policía, chocan con los textos más explícitos en los que la identidad divina se revela enamorada: "*Solo de vuestros padres se enamoró el Señor,* los amó, y de su descendencia os escogió a vosotros entre todos los pueblos, como sucede hoy" (Dt 10, 14-20). Los textos proféticos narran con un lenguaje íntimo la relación de Dios con su pueblo, como lo hace Isaías: "Ya no te llamarán «Abandonada», ni a tu tierra «Devastada»; a ti te llamarán «Mi predilecta», y a tu tierra «Desposada», porque el Señor te prefiere a ti, y tu tierra tendrá un esposo. Como un joven se desposa con una doncella, así te desposan tus constructores. Como se regocija el marido con su esposa, se regocija tu Dios contigo" (Isa 62, 4-5).

Leemos en el profeta Isaías: "Por un instante te escondí mi rostro, pero con amor eterno te quiero, dice el Señor, tu libertador" (Isa 54, 8). Actualmente, lo que se dice de Israel, el pueblo de Dios, se aplica a la Iglesia, y en ella es donde nos sentimos amados por quien se ofrece como víctima de amor por todos los hombres, Jesucristo en la Cruz. "Nadie tiene amor más grande que el que da la vida por sus amigos" (Jn 14, 13).

DIOS MERECE NUESTRO AMOR

Si se toma conciencia del derroche de amor de Dios, surge espontánea la respuesta agradecida, la relación de amistad, el abandono confiado. Así lo narra el poema bíblico: "Es mi amado para mí un manojito de alheña, en las viñas de Engadí. ¡Qué bella eres, amada mía, qué bella eres! ¡Palomas son tus ojos! ¡Qué bello eres, amado mío, cuán delicioso! ¡Y nuestro lecho es frondoso! El techado de nuestra casa es de cedro, y nuestro artesonado, de enebro" (Ct 1, 12-17).

Los santos, que se han sentido sobrepasados por el amor divino, se convierten en los mejores testigos de la respuesta que corresponde dar. "Los santos han tenido siempre una conciencia viva de que sus méritos eran pura gracia". Esta convicción despierta una gozosa y tierna gratitud (Francisco, *Esta es la Confianza,* 19).

Santa Teresa nos llega a recomendar: "Querríalas mucho avisar que miren no escondan el talento, pues que parece las quiere Dios escoger para provecho de otras muchas, en especial en estos tiempos que son menester amigos fuertes de Dios para sustentar los flacos" (Vida 15, 5).

> "Pues quiero concluir con esto: que siempre que se piense de Cristo, nos acordemos del amor con que nos hizo tantas mercedes y cuán grande nos le mostró Dios en darnos tal prenda del que nos tiene; que amor saca amor" (Vida 22, 14).

ESPERA VIGILANTE AL AMOR DE DIOS

Cabe que se pase por momentos de gran oscuridad e insensibilidad, en los que nos dominen la noche, la tentación y el sueño, como describe san Mateo en la parábola de las vírgenes. Se recomienda permanecer en vela, atentos. El Evangelio alerta sobre la hora incierta en la que llega el esposo, el dueño o el Señor. "Velad, porque no sabéis el día ni la hora" (Mt 25, 13). "Velad entonces, pues no sabéis cuándo vendrá el señor de la casa, si al atardecer, o a medianoche, o al canto del gallo, o al amanecer: no sea que venga inesperadamente y os encuentre dormidos. Lo que os digo a vosotros, lo digo a todos: ¡Velad!" (Mc 13, 35-37).

Se nos invita a vigilar y a estar atentos, porque la presencia del Señor nos acompaña, y quizá no la percibimos. El Evangelio cita varias horas: "atardecer", "medianoche", al "canto del gallo", "al amanecer"... Son las vigilias nocturnas, tiempo en el que nos puede dominar el sueño, pero deberemos estar atentos, como Samuel y como las vírgenes sensatas.

La actitud adecuada nos la describe el Libro de la Sabiduría: "Radiante e inmarcesible es la sabiduría, la ven con facilidad los que la aman y quienes la buscan la encuentran. Se adelanta en manifestarse a los que la desean. Quien madruga por ella no se cansa, pues la encuentra sentada a su puerta" (Sb 6, 12-21). Y el vidente del Apocalipsis es aún más explícito: "Mira, estoy de pie a la puerta y llamo. Si alguien escucha mi voz y abre la puerta, entraré en su casa y cenaré con él y él conmigo" (Apc 3, 20).

AMADOS DE DIOS

Benedicto XVI, en su exégesis sobre el anuncio del ángel a María, traduce las palabras de saludo en voz pasiva el calificativo que da a María:

"« Alégrate, amada por Dios»". "De hecho, el ángel, «entrando en su presencia», no la llama por su nombre terreno, María, sino por su nombre divino, tal como Dios la ve y la califica desde siempre: «Llena de gracia (gratia plena)», que en el original griego es κεχαριτωμενη «llena de gracia», y la gracia no es más que el amor de Dios; por eso, en definitiva, podríamos traducir esa palabra así: «amada» por Dios (cf. Lc 1, 28).

Orígenes observa que semejante título jamás se dio a un ser humano y que no se encuentra en ninguna otra parte de la Sagrada Escritura (cf. In Lucam 6, 7). Es un título expresado en voz pasiva, pero esta «pasividad" de María, que desde siempre y para siempre es la «amada» por el Señor, implica su libre consentimiento, su respuesta personal y original: al ser amada, al recibir el don de Dios, María es plenamente activa, porque acoge con disponibilidad personal la ola del amor de Dios que se derrama en ella" (Homilía, 25 de marzo 2006).

Si María, la madre de Jesús, la amada de Dios, fue plenamente activa, y la mejor prueba es la reacción inmediata que tuvo de levantarse y de subir deprisa a la montaña de Judea, cuánto más activo es Jesús, el Hijo amado de Dios, quien se entregó a Sí mismo, como donación gratuita y amorosa: "Tanto amó Dios al mundo, que nos entregó a su Hijo".

Si María, al saberse amada de Dios es la mujer plenamente activa, capaz de llegar con fortaleza hasta el pie de la Cruz, y si Jesús no se arredró ante el cáliz que le ofreció su Padre para beber, interpreto que quienes se sientan amados de Dios, aunque no tengan la exclusividad de Jesús ni de su madre, se moverán a amar y a ser testigos del amor que reciben de Dios. "Los jóvenes tropiezan y vacilan; pero los que esperan en el Señor renuevan sus fuerzas, echan alas como las águilas, corren y no se fatigan, caminan y no se cansan" (Isa 40, 30-31).

Por esta interpretación, he querido titular las diferentes meditaciones en pasivo, con la certeza de que solo cuando nos sentimos amados brota el amor. Santa Teresa de Jesús llega a afirmar: "Amor saca amor". "Pues quiero concluir con esto: que siempre que se piense de Cristo, nos acordemos del amor con que nos hizo tantas mercedes y cuán grande nos le mostró Dios en darnos tal prenda del que nos tiene; que amor saca amor" (Vida 22, 14), Y san Juan de la Cruz, en su poema místico, escribe: "Pon amor adonde no hay amor, y sacarás amor".

Los protagonistas de algunas escenas evangélicas que se han sentido especialmente amados por Dios han reaccionado inmediatamente como respuesta al amor recibido: María, los pastores de Belén, Marta y María de Betania, las mujeres en la mañana de Pascua, María Magdalena, los discípulos de Emaús, Pedro y el discípulo amado..., todos ellos corren, y no es por nerviosismo, sino como testigos de haber experimentado el paso del Señor.

Cántico de bodas

"Me brota del corazón un poema bello,
recito mis versos a un rey;
mi lengua es ágil pluma de escribano.

Eres el más bello de los hombres,
en tus labios se derrama la gracia,
el Señor te bendice eternamente.

Cíñete al flanco la espada, valiente:
es tu gala y tu orgullo;
cabalga victorioso por la verdad,
la mansedumbre y la justicia,
tu diestra te enseñe a realizar proezas.

A mirra, áloe y acacia huelen tus vestidos,
desde los palacios de marfiles te deleitan las arpas.
Hijas de reyes salen a tu encuentro,
de pie a tu derecha está la reina,
enjoyada con oro de Ofir.
Escucha, hija, mira: inclina el oído,
olvida tu pueblo y la casa paterna;
prendado está el rey de tu belleza:
póstrate ante él, que él es tu señor.

La ciudad de Tiro viene con regalos,
los pueblos más ricos buscan tu favor.
Ya entra la princesa, bellísima,
vestida de perlas y brocado;
la llevan ante el rey, con séquito de vírgenes,
la siguen sus compañeras:

las traen entre alegría y algazara,
van entrando en el palacio real.
« A cambio de tus padres tendrás hijos,
que nombrarás príncipes por toda la tierra »".

(Sal 44, 2-18)

ALIANZA CONSUMADA

La Alianza, el desposorio y la boda se consuman en la noche de la Cena Pascual, y sobre todo en el lecho de la Cruz. Donde Cristo esposo se entrega enteramente por amor a la Iglesia, y a toda la humanidad es en la Cruz. "Bebed todos, porque esta es mi sangre de la alianza, que es derramada por muchos para el perdón de los pecados" (Mt 26, 27-28). "Mas, ahora a Cristo le ha correspondido un ministerio tanto más excelente cuanto mejor es la alianza de la que es mediador: una alianza basada en promesas mejores. Si la primera hubiera sido perfecta, no habría lugar para una segunda. Pero les reprocha: Mirad que llegan días –oráculo del Señor– en que haré con la casa de Israel y con la casa de Judá una alianza nueva; no como la alianza que hice con sus padres, cuando los tomé de la mano para sacarlos de Egipto" (Hbr 8, 6-9).

Nos cuesta imaginar que la ofrenda de Jesús en la Cruz tenga dimensiones esponsales. Sin embargo, según san Juan, en el Cuarto Evangelio se puede observar una correspondencia entre la descripción de la boda de Caná y el relato de la muerte de Jesús. Es muy significativa la ofrenda de las cien libras de mirra y áloe, los perfumes del príncipe en el día de su boda (Sal 45).

LA FIDELIDAD DIVINA

En diversos pasajes en los que se describe la infidelidad del pueblo escogido, esa deslealtad se narra como un verdadero adulterio.

> "Te hice crecer como un brote del campo. Lucías joyas de oro y plata, vestidos de lino, seda y bordado; comías flor de harina, miel y aceite; estabas cada vez más bella y llegaste a ser como una reina. Se difundió entre las naciones paganas la fama de tu belleza, perfecta con los atavíos que yo había puesto sobre ti –oráculo del Señor Dios–. Pero tú, confiada en tu belleza, te prostituiste" (Ez 16, 7-15).

Mas, a pesar de la desviación del corazón en la que cayó el pueblo, Dios no se dejó vencer:

> "Con todo, yo me acordaré de mi alianza contigo en los días de tu juventud, y estableceré contigo una alianza eterna. Te acordarás de tu conducta y te avergonzarás al acoger a tus hermanas mayores y a las menores, pues yo te las daré como hijas, pero no en virtud de tu alianza.
>
> Yo estableceré mi alianza contigo y reconocerás que yo soy el Señor, para que te acuerdes y te avergüences y no te atrevas

nunca más a abrir la boca por tu oprobio,
cuando yo te perdone todo lo que hiciste
–oráculo del Señor Dios–" (Ez 16, 59-63).

En el Génesis, Dios pide fidelidad a Adán y a Eva: "Por eso abandonará el varón a su padre y a su madre, se unirá a su mujer y serán los dos una sola carne" (Gn 2, 24). Y Jesús ratifica en el Evangelio: "De modo que ya no son dos, sino una sola carne. Pues lo que Dios ha unido, que no lo separe el hombre" (Mt 19, 6). Si Dios, conociendo la fragilidad del corazón del hombre, pide al creyente la fidelidad esponsal, ¿cuánto más fiel será Dios mismo con su pueblo, si se revela con amor de esposo en Cristo?

APLICACIÓN

Ante los retos que se nos plantean en relación con la cultura de nuestro tiempo, cuando sabemos que no es solución el retraimiento individualista, ni el conformismo con las tendencias especuladoras, resurge la llamada a mostrar la verdad del Dios revelado, a poner a Jesús en el centro del mensaje. Él ha querido mostrarse como valedor de nuestra fragilidad. "Esta es la pastoral que necesitamos, la pastoral del encuentro: actuar de manera que cada gesto realizado por los cristianos, individualmente o en conjunto, se convierta en una oportunidad para que todos se encuentren con elSeñor resucitado y se enamoren en Él" (Armando Matteo, *Convertir a Peter Pan*, 123).

Ante una sociedad que se aparta de la fe y ante la que cabe reaccionar en autodefensa, emerge la presentación de "un cristianismo de la mansedumbre como propuesta de vida... Se trata de esa mansedumbre que resplandece en el rostro de Jesús" (Armando Matteo, *Convertir a Peter Pan,* 101). El papa Francisco, quizá haciéndose eco del mismo libro del profesor Matteo, en una de sus catequesis comentó el pasaje del Evangelio (Mt 10) en que el Maestro envía a sus discípulos:

> "Os mando como ovejas, como corderos. Esto es lo importante. Si tú no quieres ser oveja, el Señor no te defenderá de los lobos. Arréglatelas como puedas. Pero si tú eres oveja, estáte seguro de que el Señor te defenderá de los lobos. Ser humildes. Nos pide que seamos así, mansos y con las ganas de ser inocentes, estar dispuestos al sacrificio; de hecho, el cordero representa esto: mansedumbre, inocencia, entrega, ternura" (Francisco, Audiencia, 15 de febrero, 2023).

"El lugar donde se refleja singularmente el ejercicio concreto de la mansedumbre por parte de Jesús es el de su mirada, es decir, el modo en que sabía «mirar» a los hombres y mujeres de su tiempo" (Armando Matteo, 102).

El hombre de hoy necesita la respuesta compasiva de Jesús, su mirada sobre la realidad, como Él la tuvo ante la multitud que andaba como ovejas sin pastor. El Nazareno nos da testimonio de su compasión y de su conmoción ante el dolor de la viuda de Naím, ante los enfermos y los pecadores. Se augura una nueva forma de anunciar el Evangelio, a la manera de Jesús, manso y humilde de corazón.

La revelación cristiana tiene el tesoro de la noticia más transformadora, que ofrece al ser humano la razón de su origen y de su meta. El hombre no es un ser vagabundo, sin tierra ni pertenencia. Ha nacido de la voluntad amorosa divina, y está destinado a consumar su sed de amor en el trato con Dios. "Es la hora de los buenos samaritanos. Esta es la pastoral que necesitamos, la pastoral del encuentro: actuar de tal manera que cada gesto realizado por los cristianos, individualmente o en conjunto, se convierta en una oportunidad para que todos se encuentren con el Señor resucitado y se enamoren de Él, recibiendo la gracia de poder despojarse finalmente del hombre viejo, como dice san Pablo" (Amando Matteo, *Convertir a Peter Pan*, 123).

AMOR SACA AMOR

"Por eso, yo la persuado,
la llevo al desierto, le hablo al corazón,
le entrego allí mismo sus viñedos,
y hago del valle de Acor
una puerta de esperanza.
Allí responderá como en los días de su juventud,
como el día de su salida de Egipto. Aquel día
–oráculo del Señor–
me llamarás «esposo mío»,
y ya no me llamarás «mi amo».

Apartaré de su boca los nombres de los baales,
y no serán ya recordados por su nombre.
Aquel día haré una alianza en su favor,
con las bestias del campo,
con las aves del cielo,
y los reptiles del suelo.

Quebraré arco y espada
y eliminaré la guerra del país,
y haré que duerman seguros.

Me desposaré contigo para siempre,
me desposaré contigo
en justicia y en derecho,
en misericordia y en ternura,
me desposaré contigo en fidelidad
y conocerás al Señor"

(Os 2, 16-22).

Cuestiones

- ¿Cómo sientes tu relación con Dios, como obligación, para autojustificación, y por amor?
- ¿Interpretas que tener fe es un don?
- ¿Te descubres acogiendo al Dios revelado, o te relacionas con el dios imaginado?

LLAMADOS

"Tú has creado mis entrañas,
me has tejido en el seno materno"
(Sal 138, 13).

"Antes de formarte en el vientre, te elegí;
antes de que salieras del seno materno, te consagré:
te constituí profeta de las naciones"
(Jr 1, 5).

"Esto dice el Señor a su Ungido, a Ciro:
Yo iré delante de ti, allanando señoríos; para que sepas
que yo soy el Señor, el Dios de Israel, que te llamo por tu nombre.
Por mi siervo Jacob, por mi escogido Israel,
te llamé por tu nombre, te di un título de honor,
aunque no me conocías"
(Is 45, 1-4).

INTRODUCCIÓN

Hemos sido llamados a la vida, a la fe y a una forma concreta de vida cristiana. Hemos sido llamados al paseo de amistad con Dios a la hora de la brisa, a la amistad con Jesús y a la unión total con Él.

Para saber lo que Dios quiere para cada uno, Él ofrece unas señales, que no son grandilocuentes, sino sencillas. Se debe estar atento para observarlas y seguirlas. Aunque los signos sean interiores, normalmente acontecen hechos que confirman las mociones espirituales, que el interesado interpreta como historia providente.

El papa Francisco, en el discurso de saludo a los jóvenes que participaban en la JMJ de Lisboa, dijo:

> "Ustedes no están aquí por casualidad. El Señor los llamó, no sólo en estos días, sino desde el comienzo de sus vidas. A todos nos llamó desde el comienzo de la vida. Él los llamó por sus nombres. Has sido llamado por tu nombre. Todos fuimos llamados por nuestro nombre. No fuimos llamados automáticamente, fuimos llamados por el nombre. Jesús me llamó por mi nombre. Has sido llamado por tu nombre. Ninguno de nosotros es cristiano por casualidad, todos fuimos llamados por nuestro nombre. Al principio de la trama

de la vida, antes de los talentos que tenemos, antes de las sombras de las heridas que llevamos dentro, hemos sido llamados. Hemos sido llamados, ¿por qué? Porque somos amados. Hemos sido llamados porque somos amados".

Una clave en el ejercicio de discernimiento para saber si uno se busca a sí mismo o sigue la voluntad de Dios, es descubrir si donde está y en lo que hace puede responder a la manera del muchacho Samuel: "«Aquí estoy, porque me has llamado». Comprendió entonces Elí que era el Señor el que llamaba al joven. Y dijo a Samuel: «Ve a acostarte». Y si te llama de nuevo, di: «Habla Señor, que tu siervo escucha». Samuel fue a acostarse en su sitio. El Señor se presentó y llamó como las veces anteriores: «Samuel, Samuel». Respondió Samuel: «Habla, que tu siervo escucha»" (1Sam 3, 5-10). Cabe, sin embargo, que uno siga la moción interior, por la que identifica su itinerario espiritual, pero más pronto o más tarde deberá descubrir que su camino es de obediencia.

Una señal objetivadora se percibe si aquello que se hace o donde se está responde a una misión recibida, así lo argumenta Jesús: "Yo no hablo por mi propia cuenta. Es necesario que proclame el reino de Dios también a las otras ciudades, pues para esto he sido enviado" (Lc 4, 43). "El testimonio que yo tengo es mayor que el de Juan: las obras que el Padre me ha concedido llevar a cabo, esas obras que hago dan testimonio de mí: que el Padre me ha enviado. Y el Padre que me envió, él mismo ha dado testimonio de mí" (Jn 5, 36-37). "Mi doctrina no es mía, sino del que me ha enviado" (Jn 7, 16). "Yo sé que tú me escuchas siempre; pero lo digo por la gente que me rodea, para que crean que tú me has enviado" (Jn 11, 42).

Sorprende que al inicio de la vida de Jesús, según san Lucas, el texto evangélico aluda a la señal, el Niño envuelto en pañales (Lc 2,12), y al final, apele de nuevo al argumento autentificador de la señal, refiriéndose a las heridas del Resucitado (Lc 24, 38-40). Ambas referencias no muestran un poder aterrador, sino más bien fascinación y sobrecogimiento.

SIGNOS Y SEÑALES

El diccionario da a la palabra "señal" muchas acepciones; además, es una palabra con varios sinónimos. No pretendemos detenernos en el significado filológico del término, ni intentamos abarcar el sentido total de la palabra. Sin embargo, para comprender mejor el uso y sentido bíblico de la palabra σημειον [sêmeion], en griego, סימן (simán) en hebreo, nos fijamos en algunos de los modos en los que se emplean socialmente, y sobre todos en los pasajes revelados donde se encuentra el término.

Señal de dirección

En las rutas de comunicación vial son necesarias las señales no solo para indicar la dirección, sino para evitar accidentes. Cada vez se demuestra más lo importante que es la buena señalización para no perderse en los itinerarios de diversos caminos que se hacen a pie. Lo mismo sucede en las vías de comunicación: se ha popularizado la flecha amarilla en el Camino de Santiago, al igual que otras marcas se convierten en las GR (grandes rutas) en indicadores precisos para acertar con el buen sendero. Sorprende que Jesús se haya querido presentar a Sí mismo como Camino y como la dirección más segura para alcanzar la perfección. El Evangelio describe cómo los Reyes Magos emprendieron su retorno por otro camino: "Y habiendo recibido en sueños un oráculo, para que no volvieran a Herodes, se retiraron a su tierra por otro camino" (Mt 2, 12).

Distintivo

La señal no solo es necesaria para indicar una dirección. También se emplea para distinguir un edificio civil, una iglesia o un establecimiento. La Cruz sobre un tejado, la corneta de la oficina de correos, la Cruz de Malta de color verde de las farmacias... Quien busca un medicamento, una comunicación o tener un tiempo de oración, lo encuentran más fácilmente gracias a los indicadores. Se ha extendido la forma de identificar una firma comercial, una empresa o una institución a través de un "logo" o símbolo popularizado. Desde antiguo, los cristianos se identificaban entre ellos con el crismón, el pez o la paloma... En la noche de la salida de Egipto, los israelitas tuvieron que marcar sus casas con una señal identificativa: "La sangre será vuestra señal en las casas donde habitáis" (Ex 12, 13).

Anticipo

Otra acepción que tiene la palabra "señal", se refiere a las transacciones económicas y a acuerdos comerciales. En las operaciones de compra-venta o en los arrendamientos y alquileres, suele solicitarse un anticipo del precio de la compra o del alquiler para comprometer al comprador o arrendatario. Según las estipulaciones del contrato, si no se llevara a cabo la operación, quien adelantó la señal, la pierde. En este sentido es muy significativo que Dios se haya comprometido anticipando una señal, porque o cumple la promesa o pierde la señal, y además el resultado siempre es a nuestro favor.

Pues el Señor, por su cuenta, os dará un signo. "Mirad: la virgen está encinta y da a luz un hijo, y le pondrá por nombre Emmanuel" (Isa 7, 14). Recordamos el trato que hizo el discípulo traidor con las autoridades: "¿Qué estáis dispuestos a darme si os lo entrego? Ellos se ajustaron con él en treinta monedas de plata" (Mt 26, 15), el precio de un esclavo.

Verificación

Suelen tener mucha acogida y fama las personas que anticipan la evolución del tiempo, de la economía o de la política. Los sociólogos son expertos en ofrecer el análisis de los datos históricos, y desde ellos, se atreven en menor medida a proyectar la evolución que tendrá la historia. Sin embargo, el profetismo no se autentifica cuando se pronuncia el devenir, sino cuando los hechos confirman la previsión.

La tendencia a averiguar el futuro corre el riesgo de hacer vivir en la irrealidad o de amedrentar injustamente. Dice la Biblia que a cada día le basta su disgusto. La señal acompaña al paso de los hechos, no de las hipótesis. Así lo hace Dios con su pueblo, cuando en el desierto la nube luminosa de noche, y la sombra de la nube de día, se convierten en el signo del acompañamiento divino prometido. El apóstol Tomás exigió ver las llagas de Jesús como señales verificadoras: "Si no veo en sus manos la señal de los clavos, si no meto el dedo en el agujero de los clavos y no meto la mano en su costado, no lo creo" (Jn 20, 25).

Discernimiento

En un ejercicio de discernimiento, es importante distinguir la moción consoladora de la intuición afectiva, el deseo personal de la inclinación natural, los acontecimientos que suceden espontáneamente de los hechos provocados. La paz interior es una señal de Dios. Hay que diferenciar los acontecimientos no buscados, que vienen sin obedecer a estrategias, de los hechos que suceden por voluntad propia. Los relatos bíblicos de vocaciones van acompañados por algún signo, que a nuestro entender parece muy extraordinario.

La zarza ardiente, cuando Dios llamó a Moisés; las voces en la noche, en el caso de Samuel; el combate de Jacob en el que quedó herido; los sueños de José; la aparición del ángel Gabriel a Zacarías; el anuncio del ángel que recibió María de Nazaret... Todos son relatos que narran fenómenos especiales y que se enmarcan en el género de anunciaciones.

Sin embargo, también se puede entender que son descripciones de experiencias internas, presentadas con el realismo de sucesos históricos, aunque Dios puede hacer de las piedras hijos de Abraham, según dice el Evangelio.

Siempre cabe hacer una lectura espiritual y sapiencial de las imágenes bíblicas, que en muchos casos se dan por evitar la representación de Dios.

> "Gedeón dijo a Dios: «Si vas a ser tú el que salve a Israel por mi mano, según has dicho, mira, voy a dejar un vellón de lana en la era. Si cae rocío únicamente sobre el vellón, y todo el suelo queda seco, sabré que salvarás a Israel por mi mano, tal y como has dicho». Así ocurrió. Se levantó de madrugada, estrujó el vellón y exprimió el rocío del vellón, llenando una cazuela de agua. Gedeón dijo a Dios: «No se encienda tu ira contra mí, si hablo una vez más. Permíteme que pruebe solo otra vez con el vellón. Quede seco solo el vellón, mientras que en todo el suelo haya rocío». Y así lo hizo el Señor aquella noche. Quedó únicamente seco el vellón y cayó rocío en todo el suelo" (Jue 6, 36-40).

Tatuaje

Los que forman parte de algunas tribus y castas suelen hacerse incisiones como tatuajes que les identifican como de su etnia; es algo imborrable. A nivel sacramental se dice que hay sacramentos que imprimen carácter, y para siempre; quienes los han recibido, quedan marcados por la señal de pertenencia al pueblo de Dios. Los varones israelitas se circuncidan. "Sión decía: « Me ha abandonado el Señor, mi dueño me ha olvidado ». ¿Puede una madre olvidar al niño que amamanta, no tener compasión del hijo de sus entrañas? Pues, aunque ella se olvidara, yo no te olvidaré. Mira, te llevo tatuada en mis palmas" (Isa 49, 14-16). Los cristianos, por el bautismo, quedan sellados para siempre como hijos de Dios, sacerdotes, profetas y reyes.

Signos

A lo largo de la Historia de Salvación, ha habido muchos momentos en los que la autenticidad de una profecía, de una teofanía o manifestación divina, se comprueba por las señales que las acompañan. El creyente, como criterio de discernimiento, busca señales que confirmen que aquello que intuye o siente es voluntad de Dios, para diferenciarlo de lo que es mera proyección del deseo natural. En algunos casos se atreve a pedir a Dios la señal, súplica que podría parecer osadía, falta de confianza o exigencia injusta.

Que el hombre pida cuentas a Dios, o le solicite que se manifieste de un modo más claro, parece impropio. Sin embargo, así sucede en el caso de rey Ezequías: "Esta será la señal enviada por el Señor de que cumplirá lo prometido: « ¿Avanzará o retrocederá la sombra diez grados en el cuadrante? ». Ezequías contestó: « Es fácil que la sombra se alargue diez gradas en el cuadrante, pero no que retroceda diez ». Entonces el profeta Isaías invocó al Señor y el Señor hizo que la sombra retrocediera las diez gradas que había recorrido en las escalinatas de Ajaz" (2Re 20, 9-11).

En muchos casos, Dios mismo es quien por su cuenta concede la señal de lo que Él desea llevar a cabo, o del anuncio y cumplimiento de sus promesas.

SEÑAL DE PERTENENCIA DIVINA

Sociológicamente, se comprueba que el ser humano busca la referencia a los pares, a los iguales, y gusta de parecerse a los propios. Las insignias, los hábitos, las banderas o los símbolos utilizados por grupos concretos manifiestan la tendencia antropológica de demostrar pertenencias, en algunos casos con distintivos un tanto gregarios, como sucede en las hinchadas partidistas.

En el caso del Pueblo de Dios, encontramos en la revelación bíblica el mandato de distinguirse de los otros pueblos de forma externa y también íntima. "Esto es por lo que el Señor hizo por mí cuando salí de Egipto. Y *será para ti como señal sobre tu brazo y como recordatorio en tu frente,* para que tengas en tu boca la instrucción del Señor, porque con mano fuerte te sacó el Señor de Egipto" (Ex 13, 8-9). Los varones: "Os circuncidaréis y esa será la señal de mi alianza con vosotros." (Gn 17, 11) Los judíos más ortodoxos siguen al pie de la letra las consignas de llevar la Kipá sobre la cabeza, la mezuzá en la frente y las filacterias en los brazos para no olvidarse nunca de Dios.

Al comienzo de la creación, cuando Caín mató a su hermano y podría esperarse que alguien le vengara, *"el Señor* sin embargo *puso una señal a Caín* para que no lo matase" (Gn 4, 15). Lo mismo sucedió la noche de la muerte de los primogénitos en Egipto: gracias a la sangre en los dinteles de las puertas de los israelitas, el ángel del Señor pasó de largo sin dañar a los hijos de Jacob: *"La sangre será vuestra señal* en las casas donde habitáis. Cuando yo vea la sangre, pasaré de largo ante vosotros, y no habrá entre vosotros plaga exterminadora" (Ex 12, 13). Los judíos: "Los hijos de Israel guardarán el sábado de generación en generación como alianza perpetua. Será señal perpetua entre yo y los hijos de Israel" (Ex 31, 16-17).

Los cristianos tenemos la cruz como señal, es lo primero que recibimos al ser bautizados. En muchos casos, los creyentes en Jesús lo testimonian llevando la cruz colgada al cuello y las personas consagradas llevan alguna insignia con la que desean testimoniar la propia identidad.

SEÑALES PEDIDAS A DIOS

En momentos importantes, como puede ser el de tomar una opción de vida, se desea no errar en la decisión. El criado de Abraham, que tiene el encargo del patriarca de buscar mujer para su hijo Isaac, se encomienda a Dios y le pide una señal:

> "Señor, Dios de mi amo Abrahán,
> concédeme hoy una señal propicia y muestra
> tu benevolencia a mi amo Abrahán. Aquí
> estoy junto a la fuente, mientras las
> muchachas de la ciudad salen a sacar agua;

> la muchacha a la que yo diga: «Por favor, inclina tu cántaro para que beba» y que me responda: «Bebe y también abrevaré tus camellos», esa sea la que has destinado para tu siervo Isaac. Así sabré que muestras benevolencia con mi amo" (Gn 24, 12-14).

Lo mismo le sucede a Gedeón cuando recibe el mandato de combatir, porque ganará en la batalla. "Si he hallado gracia a tus ojos, dame una señal de que eres tú el que estás hablando conmigo. Te ruego que no te retires de aquí hasta que vuelva a tu lado, traiga mi ofrenda y la deposite ante ti». El Señor respondió: «Permaneceré sentado hasta que vuelvas»" (Jue 6, 17-18). El salmista reza: "Dame una señal propicia, que la vean mis adversarios y se avergüencen, porque tú, Señor, me ayudas y consuelas" (Sal 85, 17).

Se suele decir que algunos santos perciben a lo largo de su vida la intervención de Dios, quien les asegura su acompañamiento en el camino del Evangelio. De manera especial los fundadores de órdenes religiosas confiesan que han sentido la fuerza, a veces contra corriente, de llevar a cabo una obra como obediencia al Espíritu, quien les infundía impulsos y fuerza para culminar el posible proyecto de vida.

SEÑALES DADAS POR DIOS

En este contexto, sobresale el modo en que Dios se da a conocer con sencillas señales. En el antiguo Testamento encontramos diversos pasajes en los que el Libro Sagrado describe la intervención divina, avalada por la señal del cielo. A Noé se le muestra el arco iris como prueba de alianza y de paz: "Esta es la señal de la alianza que establezco con vosotros, para todas las generaciones: *pondré mi arco en el cielo,* como señal de mi alianza con la tierra" (Gn 9, 12-13). En el caso de Moisés, Dios le adelanta señales que confirman la misión a la que le envía:

> "*Yo estoy contigo; y esta es la señal de que yo te envío:* cuando saques al pueblo de Egipto, daréis culto a Dios en esta montaña" (Ex 3, 12-13), para que no dude de la tarea a la que le envía. Sin embargo, al inicio del Nuevo Testamento, Dios se manifiesta en la pequeñez: "No temáis, os anuncio una buena noticia que será de gran alegría para todo el pueblo: hoy, en la ciudad de David, os ha nacido un Salvador, el Mesías, el Señor. Y *aquí tenéis la señal:* encontraréis un niño envuelto en pañales y acostado en un pesebre" (Lc 2, 10-12).

El que cree no necesita señales extraordinarias para dar fe a la Palabra de Dios, da crédito al texto sagrado y confía en la promesa del Señor, pues sabe que sin tener que acudir a acciones milagrosas o a signos exteriores, cuando Dios quiere hace sentir a alguien su voluntad concreta o su llamada de un modo o de otro se lo hace entender. Los escogidos con una vocación particular llegan a sentir dentro de sí unos efectos que, como dice Santa Teresa de Jesús, "todas las demás verdades dependen de esta verdad, como todos los demás amores de este amor". No obstante, si sumamos el modo con el que Dios se acredita, no lo hace con grandes portentos, como podría ser el terremoto, el incendio, el huracán, sino con la suave brisa, con la nube, con la sombra, y ante los pastores, con un Niño envuelto en pañales.

Nadie ha visto a Dios. La espiritualidad del vacío ha llamado a muchos que deseaban mantener una relación íntima con Dios, y se convirtieron en testigos de Aquel que es siempre más. "Los místicos siempre supieron que el mero vacío es solo la otra cara de la plenitud, puede que incluso su cara más auténtica" (T. Halík, *La tarde del cristianismo,* 29).

> "Moisés exclamó: «Muéstrame tu gloria». Y él le respondió: «Yo haré pasar ante ti toda mi bondad y pronunciaré ante ti el nombre del Señor». Y añadió: «Pero mi rostro no lo puedes ver, porque no puede verlo nadie y quedar con vida». Luego dijo el Señor: «Aquí hay un sitio junto a mí; ponte sobre la roca. Cuando pase mi gloria, te meteré en una hendidura de la roca y te cubriré con mi mano hasta que haya pasado. Después, cuando retire la mano, podrás ver mi espalda, pero mi rostro no lo verás»" (Ex 33, 18-23).

Desde esta perspectiva, una señal posible quizá sea la sensación de ausencia, presencia inapresable.

SEÑAL DADA POR JESÚS

Mas, en la plenitud el tiempo, en el contexto bíblico que venimos observando, Jesús, al hablar del

Precursor lo describe con rasgos humildes: "¿Qué salisteis a contemplar en el desierto, una caña sacudida por el viento? ¿O qué salisteis a ver, un hombre vestido con lujo? Mirad, los que visten con lujo habitan en los palacios" (Mt 11, 7). Y al mismo Juan Bautista le ofrece las señales mesiánicas identificadoras: "Id a anunciar a Juan lo que estáis viendo y oyendo: los ciegos ven y los cojos andan; los leprosos quedan limpios y los sordos oyen; los muertos resucitan y los pobres son evangelizados. ¡Y bienaventurado el que no se escandalice de mí!" (Mt 11, 4-6).

En el encuentro de Jesús con Nicodemo, el Maestro le adelanta al fariseo la señal con la que rubricará su misión: "Lo mismo que Moisés elevó la serpiente en el desierto, así tiene que ser elevado el Hijo del hombre, para que todo el que cree en él tenga vida eterna" (Jn 3, 14-15). Y de manera más explícita el Nazareno adelanta, ante los que le piden un signo, la señal del Misterio Pascual: "Esta generación perversa y adúltera exige una señal; pues no se le dará más signo que el del profeta Jonás. Tres días y tres noches estuvo Jonás en el vientre del cetáceo: pues tres días y tres noches estará el Hijo del hombre en el seno de la tierra" (Mt 12, 39-40).

LAS HERIDAS COMO SEÑAL

El Resucitado vuelve a apelar a la señal con la que desea demostrar a los suyos que Él es el mismo que fue crucificado: "¿Por qué os alarmáis?, ¿por qué surgen dudas en vuestro corazón? Mirad mis manos y mis pies: soy yo en persona. Palpadme y daos cuenta de que un espíritu no tiene carne y huesos, como veis que yo tengo". Dicho esto, les mostró las manos y los pies. (Lc 24, 38-40) Y cuando el apóstol Tomás se resiste a creer: "Si no veo en sus manos la señal de los clavos, si no meto el dedo en el agujero de los clavos y no meto la mano en su costado, no lo creo". A los ocho días, estaban otra vez dentro los discípulos y Tomás con ellos. Llegó Jesús, estando cerradas las puertas, se puso en medio y dijo: "Paz a vosotros". Luego dijo a Tomás: "Trae tu dedo, aquí tienes mis manos; trae tu mano y métela en mi costado; y no seas incrédulo, sino creyente" (Jn 20, 25-27). La señal de la herida en pies, manos y costado será para siempre la demostración del amor más grande.

Las señales a las que apela Jesús para demostrar su mesianismo y autenticidad tienen que ver con las señales de su Pasión. Al personalizar la experiencia creyente, cabe descubrir que el Señor nos espera en los momentos en los que nos sentimos más heridos. Es emblemático el pasaje en el que Jacob, después de haber combatido con Dios toda la noche, al final del combate, como señal de haber luchado con Dios, queda herido en el tendón, para que siempre guarde en la memoria el cuerpo a cuerpo con Dios. Desde esta revelación, es posible interpretar que allí donde nos sentimos más heridos es donde se manifiesta la posibilidad del encuentro más íntimo con el Señor.

Cuando nos sentimos fuertes, seguros y autosuficientes, quizá caminamos sin darnos cuenta de la fuerza que nos da el Señor, y es en los momentos de debilidad cuando acudimos menesterosos ante Él, que nos deja sentir su mano tendida y llagada para confortarnos en nuestras heridas. En esta contemplación, a manera de síntesis, me vinieron estos versos:

Señales reveladas

Una señal colgaste en lo más alto,
el arco de colores hecho signo.
A Abraham le diste las estrellas,
arenas de las playas como herencia.

La nube conducía a Moisés.
Una serpiente, levantada en estandarte,
sanaba las heridas incurables.
Columna de luz pusiste por guía.

Una señal cubrió toda la tierra:
la era humedecida y el vellón,
la doncella gestante, dando a luz.
La Cruz como estandarte salvador.
No pides que se crea en lo imposible,
adelantas señales compañeras.
Mostraste a María tu poder
en las entrañas de Isabel su prima.
A los pastores en la Nochebuena
les dejaste la prueba de contraste:
un Niño en el pesebre recostado
y envuelto en los pañales maternales.

¡Qué torpe debo de ser cuando me excuso
por no tener la prueba suficiente!
Si me dejaste la fracción del Pan,
y tus heridas de fiel contraseña.

Cuestiones

- ¿Sientes en tu interior atracción, paz y alegría ante la posibilidad de optar por una forma de vida cristiana?
- ¿Por la vida monástica, por el sacerdocio, por la vida consagrada o por el laicado comprometido?
- No lo deseches y, como María, si no lo comprendes ahora, guarda en tu corazón esos sentimientos. Un día descubrirás cómo te ha conducido el Señor hacia su casa, al cumplimiento de su voluntad.
- ¿Recuerdas alguna moción o sentimiento que se te han quedado grabados en la memoria, y que sabes han sido de Dios?

DISCÍPULOS

"Al día siguiente,
estaba Juan con dos de sus discípulos y,
fijándose en Jesús que pasaba, dice:
«Este es el Cordero de Dios».
Los dos discípulos oyeron sus palabras y siguieron a Jesús.
Jesús se volvió y, al ver que lo seguían, les pregunta:
«¿Qué buscáis?».
Ellos le contestaron:
«Rabí (que significa Maestro), ¿dónde vives?».
Él les dijo: «Venid y veréis».
Entonces fueron, vieron dónde vivía y se quedaron con él
aquel día; era como la hora décima.
Andrés, hermano de Simón Pedro,
era uno de los dos que oyeron a Juan y siguieron a Jesús;
encuentra primero a su hermano Simón y le dice:
«Hemos encontrado al Mesías (que significa Cristo)».
Y lo llevó a Jesús. Jesús se le quedó mirando y le dijo:
«Tú eres Simón, el hijo de Juan; tú te llamarás Cefas
(que se traduce: Pedro)».
Al día siguiente, determinó Jesús salir para Galilea;
encuentra a Felipe y le dice: «Sígueme».
Felipe era de Betsaida, ciudad de Andrés y de Pedro.
Felipe encuentra a Natanael y le dice:

«Aquel de quien escribieron Moisés en la ley y los profetas,
lo hemos encontrado: Jesús, hijo de José, de Nazaret»"
(Jn 1, 35-45).

"Paseando junto al mar de Galilea vio a dos hermanos,
a Simón, llamado Pedro, y a Andrés,
que estaban echando la red en el mar,
pues eran pescadores.
Les dijo: «Venid en pos de mí y os haré pescadores de hombres».
Inmediatamente dejaron las redes y lo siguieron.
Y pasando adelante vio a otros dos hermanos,
a Santiago, hijo de Zebedeo, y a Juan,
su hermano, que estaban
en la barca repasando las redes con Zebedeo,
su padre, y los llamó. Inmediatamente dejaron la barca
y a su padre y lo siguieron"
(Mt 4, 18-22).

"«Al pasar vio Jesús a un hombre llamado Mateo
sentado al mostrador de los impuestos, y le dijo: «Sígueme».
Él se levantó y lo siguió. Y estando en la casa, sentado en la mesa,
muchos publicanos y pecadores, que habían acudido,
se sentaban con Jesús y sus discípulos. Los fariseos, al verlo,
preguntaron a los discípulos: «¿Cómo es que vuestro maestro
come con publicanos y pecadores?».
Jesús lo oyó y dijo: «No tienen necesidad de médico los sanos,
sino los enfermos. Andad, aprended lo que significa
"Misericordia quiero y no sacrificio": que no he venido a llamar a
justos, sino a los pecadores»
(Mt 9, 9-13).

INTRODUCCIÓN

En las distintas parábolas en las que se alude al banquete, los comensales son los pobres, los enfermos y los marginados: "Los criados salieron a los caminos y reunieron a todos los que encontraron, malos y buenos" (Mt 22, 10). "Sal por los caminos y senderos, e insísteles hasta que entren y se llene mi casa. Y os digo que ninguno de aquellos convidados probará mi banquete" (Lc 14, 23-24). Zaqueo, el publicano, Leví, el cobrador de impuestos, el hijo menor, malgastador de la herencia, son protagonistas en diferentes banquetes. Esta enseñanza nos debe dar conciencia de que si participamos en la mesa del Señor es por su misericordia, y no por nuestros méritos.

Dentro de las posibles llamadas evangélicas, Jesús, desde el principio de su vida pública, quiso añadir a algunos hombres y mujeres, para que lo acompañaran en su misión, y los constituyó sus discípulos. "Después de esto iba él caminando de ciudad en ciudad y de pueblo en pueblo, proclamando y anunciando la Buena Noticia del reino de Dios, acompañado por los Doce, y por algunas mujeres, que habían sido curadas de espíritus malos y de enfermedades: María la Magdalena, de la que habían salido siete demonios; Juana, mujer de Cusa, un administrador de Herodes; Susana y otras muchas que les servían con sus bienes" (Lc 8, 1-3).

Destaca que en este texto no aparezcan los nombres de los discípulos, y sí el de las mujeres.

LA LÓGICA DEL SEGUIMIENTO

Los evangelios sinópticos coinciden en la descripción de la respuesta que dieron los primeros discípulos de Jesús cuando se sintieron llamados por Él. Marcos señala que fueron Pedro y Andrés los que respondieron en seguida (Mc 1, 18), Mateo indica una respuesta inmediata de ambos hermanos, tanto de Pedro y Andrés, como de Santiago y Juan (Mt 4, 18-22). San Lucas encuadra la llamada de forma más lógica, después de haber sido los pescadores Simón y Andrés y sus amigos los Zebedeos testigos de una pesca abundante: "Entonces sacaron las barcas a tierra y, dejándolo todo, lo siguieron" (Lc 5, 11). El Cuarto Evangelio narra el proceso expansivo en el encuentro con Jesús de los primeros discípulos.

Ante las diferentes versiones de las llamadas del Maestro a los primeros discípulos, se hace difícil entender que hombres rudos, trabajadores, con las redes en las manos, repasando los aparejos para pescar en compañía de Zebedeo, padre de Santiago y Juan, porque alguien los llame, por mucha autoridad que tenga, lo sigan, abandonando tierra, familia, trabajo... Ha debido de suceder una historia previa para que la respuesta inmediata de los primeros discípulos tenga coherencia.

Quizá la narración de san Lucas sea la más convincente, porque, según su relato, tanto Simón y Andrés, como los hijos de Zebedeos, fueron testigos de un hecho sorprendente:

> "Cuando acabó de hablar, dijo a Simón: « Rema mar adentro, y echad vuestras redes para la pesca ». Respondió Simón y dijo: « Maestro, hemos estado bregando toda la noche y no hemos recogido nada; pero, por tu palabra, echaré las redes ». Y, puestos a la obra, hicieron una redada tan grande de peces que las redes comenzaban a reventarse. Entonces hicieron señas a los compañeros, que estaban en la otra barca, para que vinieran a echarles una mano. Vinieron y llenaron las dos barcas, hasta el punto de que casi se hundían.
> Al ver esto, Simón Pedro se echó a los pies de Jesús diciendo: « Señor, apártate de mí, que soy un hombre pecador ». Y Jesús dijo a Simón: « No temas; desde ahora serás pescador de hombres ». Entonces sacaron las barcas a tierra y, dejándolo todo, lo siguieron" (Lc 5, 3-11).

Según el Cuarto Evangelio, la llamada a los primeros discípulos parte de la mediación de Juan el Bautista, quien señala a Jesús como el Cordero de Dios. Dos discípulos del Bautista, Andrés y Juan, siguen al Maestro, quien, vuelto hacia ellos, les preguntó: "¿Qué buscáis?", a lo que respondieron: "Maestro, ¿dónde vives?" Jesús les invita: "Venid y lo veréis". Sorprende que el evangelista no señale el lugar donde pernoctaron.

Interpreto que debió de ser una experiencia interior la que les reveló la identidad mesiánica de Jesús. Por esta experiencia íntima y especial, que tuvieron al permanecer con Jesús aquella noche, se convirtieron en difusores de la persona del Nazareno y se lo comunicaron cada uno a su hermano: Andrés a Pedro y Juan a Santiago.

Al ser Pedro y Andrés paisanos de Felipe de Betsaida, posiblemente le hicieron llegar la noticia del descubrimiento del Mesías, y Felipe, fascinado por el encuentro con Jesús, corrió a decírselo a su amigo Natanael. A su vez, Natanael, de Caná de Galilea, se lo pudo decir a su paisano Simón. Todos ellos eran galileos, como lo era probablemente Tomás. Con Santiago de Alfeo, llamado hermano de Jesús, y su hermano Judas Tadeo, además de Judas el traidor, forman el grupo de los doce apóstoles. Con estas relaciones, parece más lógico el proceso de incorporación de cada uno de los apóstoles al discipulado. Así narra el Cuarto Evangelio la sucesión de adhesiones:

> "Andrés, hermano de Simón Pedro, era uno de los dos que oyeron a Juan y siguieron a Jesús; encuentra primero a su hermano Simón y le dice: «Hemos encontrado al Mesías (que significa Cristo)». Y lo llevó a Jesús. Jesús se le quedó mirando y le dijo: «Tú eres Simón, el hijo de Juan; tú te llamarás Cefas (que se traduce: Pedro)».
>
> Al día siguiente, determinó Jesús salir para Galilea; encuentra a Felipe y le dice: «Sígueme». Felipe era de Betsaida, ciudad

de Andrés y de Pedro. Felipe encuentra a Natanael y le dice: «Aquel de quien escribieron Moisés en la ley y los profetas, lo hemos encontrado»" (Jn 1, 40-45).

LA RESPUESTA ADECUADA

La respuesta de los pescadores se convierte en referente a la hora del seguimiento, por indicar que ese seguimiento fue inmediatamente. Sin embargo, si la difusión de la identidad de Jesús, según san Lucas y según san Juan, puede tener su lógica, la respuesta de los discípulos, según san Mateo, y san Marcos parece extraña en unos pescadores rudos y adultos. El adverbio "inmediatamente", que significa una reacción al instante, ahora, sin dilación, usado para señalar la prontitud de la respuesta de los pescadores a la llamada de Jesús, no deja de sorprender. Si el movimiento obedece a una especie de contagio del grupo de amigos, habría que pedirles un mayor discernimiento, pues entre nosotros las respuestas afectivas, que obedecen a cierto arrebato del sentimiento, después corren riesgo de caer en desánimo y hasta en desengaño y desencanto, con reacciones desconcertantes de distanciamiento.

Si se trata de discernir una vocación, se aconseja consolidar las razones para decidir la forma de vida cristiana. En los procesos personales, si no hay una objetivación de la llamada, pasado el tiempo, en momentos de tentación, se hace difícil la estabilidad, por juzgarse la respuesta primera como inmadura, si es que no ha sido de alguna manera manipulada.

Los maestros espirituales aconsejan no precipitarse en las opciones de vida. Cuentan que el abad san Benito, cuando recibía a un joven que deseaba entrar en el monasterio, le respondía, para extrañeza del joven, que se fuera a su casa. Solo lo recibía después de siete veces que el posible monje solicitaba entrar en el monasterio. Y si al poco tiempo al postulante le asaltaba la crisis y quería marcharse, la memoria de la historia de sus reiteradas peticiones para ser monje le servía al abad para defenderlo de la tentación de huida.

LOS MAESTROS ESPIRITUALES

Santa Teresa de Jesús, maestra espiritual que aconseja "determinarse a padecer por Dios" (M VI, 2, 6), sin embargo, advierte:

> "Luego se entiende esté advertida
> la priora a no la perfeccionar a fuerza
> de brazos, sino disimule y vaya poco
> a poco hasta que obre en ella el Señor;
> porque lo que se hace por aprovecharla,
> que sin aquella perfección sería muy
> buena monja, no sea causa de inquietarla
> y traerle afligido el espíritu, que
> es muy terrible cosa" (F 18, 10).

Actualmente la Iglesia ha ampliado los tiempos canónicos en la formación de los candidatos al ministerio ordenado, con un curso propedéutico, y en los procesos de los vocacionados a la vida consagrada exige tiempo de aspirantado, de postulantado, dos años de noviciado y tres de juniorado, en razón de la fenomenología actual de las peticiones que llegan a los dicasterios de dispensas, tanto del celibato, como de los votos solemnes o perpetuos.

FRUTO INMEDIATO

Si se tienen en cuenta los pasajes evangélicos, en los que se describen escenas con resultados inmediatos, nos sorprenderemos al constatar que muchas de ellas son fruto de alguna intervención de Jesús. En razón de la palabra, gesto o acción del Nazareno acontece un efecto inmediato. Así se narra en el caso de la maldición de la higuera: "¡Que nunca brote fruto de ti!". E inmediatamente se secó la higuera. Al verlo los discípulos se admiraron y decían: "¿Cómo es que la higuera se ha secado de repente?" (Mt 21, 19-20). El evangelista san Marcos refiere resultados inmediatos, fruto de la acción y de la palabra de Jesús: "Se le acerca un leproso, suplicándole de rodillas: «Si quieres, puedes limpiarme». Compadecido, extendió la mano y lo tocó diciendo: «Quiero: queda limpio». La lepra se le quitó inmediatamente y quedó limpio" (Mc 1, 40-42). Lo mismo sucede en el caso del paralítico: "«Te digo: levántate, coge tu camilla y vete a tu casa»". Se levantó, cogió inmediatamente la camilla y salió a la vista de todos. Se quedaron atónitos y daban gloria a Dios, diciendo: "Nunca hemos visto una cosa igual" (Mc 2, 11). Y así con la hemorroisa: "Oyó hablar de Jesús y, acercándose por detrás, entre la gente, le tocó el manto, pensando: «Con solo tocarle el manto curaré». Inmediatamente se secó la fuente de sus hemorragias y notó que su cuerpo estaba curado." (Mc 5, 27-29). Y con la niña muerta: "La cogió de la mano y le dijo: *Talitha qumi* (que significa: «Contigo hablo, niña, levántate»). La niña se levantó inmediatamente y echó a andar; tenía doce años. Y quedaron fuera de sí llenos de estupor" (Mc 5, 41-42).

Comprobado esto, cabe iluminar la prontitud de la respuesta que dan los primeros discípulos, e interpretar que el movimiento de seguir a Jesús con tanta presteza, no se debe tanto a la generosidad de los discípulos, cuanto a la fuerza que se experimenta dentro del corazón, cuando es Jesús el que llama. Actualmente, se dan casos de jóvenes universitarios, incluso de quienes han acabado brillantemente sus carreras que optan inesperadamente por entrar al seminario o a los monasterios. La razón no hay que buscarla en razones económicas o psicológicas, sino en la atracción que les supone la persona de Jesús y en la gracia de seguirlo más de cerca.

SORPRENDIDOS O DISCÍPULOS

Ante los efectos inmediatos que acontecen, como fruto de la palabra de Jesús, de sus intervenciones y gestos, en muchos casos la reacción de los que le seguían era de estupor, admiración, sobrecogimiento y sorpresa, pero esto no movía la voluntad para hacerse discípulo, sino que se quedaba en razón de comentario admirado, sin conversión del corazón. Jesús, en la parábola del rico Epulón, advierte sobre la reacción psicológica ante efectos extraordinarios, que no producen cambios de vida:

> "« Te ruego, entonces, padre, que le mandes a casa de mi padre, pues tengo cinco hermanos: que les dé testimonio de estas cosas, no sea que también ellos vengan a este lugar de tormento ». Abrahán le dice: « Tienen a Moisés y a los profetas: que los escuchen ». Pero él le dijo: « No, padre Abrahán. Pero si un muerto va a ellos, se arrepentirán ». Abrahán le dijo: « Si no escuchan a Moisés y a los profetas, no se convencerán ni aunque resucite un muerto »" (Lc 16, 27-31).

En la cultura actual, consumista, se intenta provocar por impactos de noticias ciertas o falsas, la atención de las personas, pero llega a suceder que, hasta lo más sagrado, como es la vida y la muerte del hombre, se convierte en espectáculo. La guerra, la delincuencia o las catástrofes son motivo de primeras páginas, pero nos dejan insensibles, curiosos, tertulianos.

Se repite lo que denunciaba Jesús: "« ¿A quién, pues, compararé a los hombres de esta generación? ¿A quién son semejantes? Se asemejan a unos niños, sentados en la plaza, que gritan a otros aquello de: « Hemos tocado la flauta y no habéis bailado, hemos entonado lamentaciones, y no habéis llorado »" (Lc 7, 31-32). Son reacciones que bloquean el seguimiento.

Frente a esta reacción de quien observa los toros desde la barrera, está la respuesta de los discípulos de Jesús, quienes, como dice el Evangelio, acogen la Palabra y dan fruto inmediato. La evidencia de la respuesta de Pedro, Andrés, Santiago y Juan, no es tanto porque sea reacción inmadura, espontánea o acelerada, sino fruto de la mirada de Jesús, de su palabra acogida y obedecida, fruto del Espíritu Santo.

El discípulo no lo es por propia iniciativa, sino porque lo llama el Maestro. Hay pasajes en los evangelios acerca de quienes desean seguir detrás de Jesús, y Él los desanima y los disuade, mientras que cuando Él llama, solicita la respuesta pronta, decidida y generosa. "Mientras iban de camino, le dijo uno: «Te seguiré adondequiera que vayas». Jesús le respondió: «Las zorras tienen madrigueras, y los pájaros del cielo nidos, pero el Hijo del hombre no tiene donde reclinar la cabeza». A otro le dijo: «Sígueme». Él respondió: «Señor, déjame primero ir a enterrar a mi padre». Le contestó: «Deja que los muertos entierren a sus muertos; tú vete a anunciar el Reino de Dios». Otro le dijo: «Te seguiré, Señor. Pero déjame primero despedirme de los de mi casa». Jesús le contestó: «Nadie que pone la mano en el arado y mira hacia atrás vale para el reino de Dios»" (Lc 9, 57-62).

Ahora se comprende el sentido de la respuesta inmediata, al instante, que nace del corazón convertido, en razón de la gracia, fruto de la llamada, con el obsequio de la obediencia sin mirar hacia atrás. Así se describe la vocación de Mateo: "Al pasar vio Jesús a un hombre llamado Mateo sentado al mostrador de los impuestos, y le dijo: «Sígueme». Él se levantó y lo siguió" (Mt 9, 9).

LA PRONTITUD

Hoy suelen retardarse las opciones definitivas, cada vez se dan más casos de personas adultas, que después de haber vivido ciclos de ida y de vuelta, se preguntan por una opción vocacional o por estabilizar su compromiso matrimonial. El complejo de Peter Pan retrasa en muchos jóvenes la decisión inmediata de seguir la llamada del Señor, o de formar una familia.

El ejemplo de los apóstoles ilumina en esta hora a quienes sienten el paso del Señor por sus vidas, y aunque sea necesaria la objetivación de la llamada, es diferente iniciar el proceso de retrasar *sine die* la decisión histórica. Sí hay un modelo para el discipulado: la Virgen María que nos enseña cómo responder al Señor con discernimiento y prontitud. Ella pregunta antes de aceptar la maternidad, y una vez que el ángel le aclara cómo sucederá, ella asume responsablemente la vocación particular que recibe. Y no queda embargada con la noticia, sino como fruto del Espíritu Santo, se levanta y sube deprisa a la montaña para servir a su prima Isabel. "María se levantó y se puso en camino de prisa hacia la montaña, a una ciudad de Judá" (Lc 1, 39) El papa Francisco ha llamado a María, "Virgen apresada", "apresada", o sea, "apresurada".

Los pastores, después del anuncio de los ángeles, tuvieron una actitud semejante. Las mujeres en la mañana de Pascua, al igual que el discípulo amado fueron deprisa al sepulcro.

> "El primer día de la semana, María la Magdalena fue al sepulcro al amanecer, cuando aún estaba oscuro, y vio la losa quitada del sepulcro. Echó a correr y fue donde estaban Simón Pedro y el otro discípulo, a quien Jesús amaba, y les dijo: «Se han llevado del sepulcro al Señor y no sabemos dónde lo han puesto». Salieron Pedro y el otro discípulo camino del sepulcro. Los dos corrían juntos, pero el otro discípulo corría más que Pedro" (Jn 20, 1-4).

Responder con prontitud es hacerlo como obediencia a la llamada y al don que se recibe en ella, y no como empeño pretencioso. Quien corre sin ser llamado se agota y se convierte en atleta vanidoso. San Pablo emplea la imagen de los que corren por una corona caduca, comparándola con la de quienes lo hacen por seguir a Cristo.

> "¿No sabéis que en el estadio todos los corredores cubren la carrera, aunque uno solo se lleva el premio? Pues corred así: para ganar. Pero un atleta se impone toda clase de privaciones; ellos para ganar una corona que se marchita; nosotros, en cambio, una que no se marchita. Por eso corro yo, pero no al azar; lucho, pero no contra el aire; sino que golpeo mi cuerpo y lo someto, no sea que, habiendo predicado a otros, quede yo descalificado" (1Co 9, 24-27).

Corren los que aman, los que obedecen, los que se sienten llamados por el Señor, quienes han experimentado la gracia. Dice san Lucas que así reaccionaron los dos discípulos de Emaús: "Y, levantándose al momento, se volvieron a Jerusalén" (Lc 24, 33).

Cuestiones

- ¿Reconoces tu identidad como respuesta a una llamada?
- El itinerario de tu vida, ¿obedece actualmente a la opción primera?
- Cuándo descubres una nueva moción, ¿obedeces con prontitud?

TENTADOS

*"La serpiente era más astuta que las demás bestias del campo
que el Señor había hecho.
Y dijo a la mujer: «¿Con que Dios os ha dicho
que no comáis de ningún árbol del jardín?».
La mujer contestó a la serpiente: «Podemos comer los frutos
de los árboles del jardín; pero del fruto del árbol
que está en mitad del jardín nos ha dicho Dios:
«'No comáis de él ni lo toquéis, de lo contrario moriréis'».
La serpiente replicó a la mujer: «No, no moriréis; es que Dios
sabe que el día en que comáis de él, se os abrirán los ojos,
y seréis como Dios en el conocimiento del bien y el mal».
Entonces la mujer se dio cuenta de que el árbol era bueno
de comer, atrayente a los ojos y deseable
para lograr inteligencia; así que tomó de su fruto y comió.
Luego se lo dio a su marido, que también comió.
Se les abrieron los ojos a los dos y descubrieron
que estaban desnudos"
(Gn 3, 1-7).*

INTRODUCCIÓN

La tentación consiste en promesas falsas que cada persona puede escuchar en su interior. En caso de quiebra, puede que se intente justificar el comportamiento negativo o que se conviva de manera fatalista con uno mismo. Ante las insinuaciones del Tentador, se debe estar muy atento porque se presentan con gran sutileza y con piel de cordero, pero se convierten en lobos feroces, que devoran lo más noble de la identidad personal y apartan de la vocación esencial del ser humano, la de ser feliz en la medida de lo posible.

La tentación la sufrimos todos, está en nuestra naturaleza. Por sí misma no es mala, al contrario, hace crecer y madurar a la persona. La victoria sobre la tentación deja gustar el grado de fidelidad y de amor a Dios.

> "Nuestra vida, en efecto, mientras dura
> esta peregrinación, no puede verse libre
> de tentaciones; pues nuestro progreso
> se realiza por medio de la tentación
> y nadie puede conocerse a sí mismo
> si no es tentado, ni puede ser coronado
> si no ha vencido, ni puede vencer si
> no ha luchado, ni puede luchar si carece
> de enemigo y de tentaciones" (San Agustín,
> Salmo 60, 2-3: CCL 39, 766).

San Ignacio propone para los primeros días de Ejercicios Espirituales el propio conocimiento para pedir perdón por los pecados cometidos y para que se produzca la conversión del corazón. A la hora de reflexionar sobre nuestra naturaleza, cabe meditar acerca de las relaciones esenciales: la trascendente –nuestro trato con Dios–, la social –nuestra relación con el prójimo–, y la inmanente –la relación con nosotros mismos–. El Mandamiento Principal alude a estas relaciones, cuando manda "amar a Dios con todo el corazón, con toda el alma y con todas las fuerzas". Jesús añadirá "y a tu prójimo como a ti mismo" (Lc 10, 27). Estas estipulaciones tienen resonancia en las tentaciones de Jesús y en las nuestras.

El Mandamiento Principal prescribe:

> "Escucha, Israel: El Señor es nuestro Dios,
> el Señor es uno solo. Amarás, pues, al Señor,
> tu Dios, *con todo tu corazón, con toda tu*
> *alma y con todas tus fuerzas*" (Dt 6, 4-9).

En él se menciona el corazón, imagen que concentra la dimensión afectiva y sensual; al alma, que hace referencia al pensamiento y a la mente; y, por último, las fuerzas, que tienen que ver con las capacidades personales, los recursos económicos y los bienes materiales, tres dimensiones esenciales del ser personal. San Mateo se hace eco de este mandamiento: "Maestro, ¿cuál es el mandamiento principal de la ley?". Él le dijo: "Amarás al Señor tu Dios con todo tu corazón, con toda tu alma, con toda tu mente" (Mt 22, 36-37).

JESÚS SUFRE LA TENTACIÓN

> "No tenemos un sumo sacerdote incapaz de compadecerse de nuestras debilidades, sino que ha sido probado en todo, como nosotros, menos en el pecado" (Hbr 4, 15).

En su comentario sobre los salmos, San Agustín nos ofrece una visión redentora de la experiencia humana del Hijo de Dios:

> "Cristo, en efecto, tenía de ti la condición humana para sí mismo, de sí mismo la salvación para ti; tenía de ti la muerte para sí mismo, de sí mismo la vida para ti; tenía de ti ultrajes para sí mismo, de sí mismo honores para ti; consiguientemente, *tenía de ti la tentación para sí mismo, de sí mismo la victoria para ti.* Si en él fuimos tentados, en él venceremos al diablo.
>
> ¿Te fijas en que Cristo fue tentado y no te fijas en que venció la tentación? Reconócete a ti mismo tentado en él, y reconócete también a ti mismo victorioso en él. Hubiera podido impedir la acción tentadora de diablo; pero entonces tú, que estás sujeto a la tentación, no hubieras aprendido de él a vencerla" (San Agustín, *Comentarios sobre los salmos*).

Según los tres evangelios sinópticos, Jesús fue tentado. "Jesús fue llevado por el Espíritu al desierto para ser tentado por el diablo" (Mt 4,1). "El Espíritu lo empuja al desierto, y permaneció en el desierto cuarenta días, siendo tentado por Satanás" (Mc 1,

12-13). "Jesús, lleno de Espíritu Santo, se volvió del Jordán, y era conducido por el Espíritu en el desierto, durante cuarenta días, tentado por el diablo" (Lc 4, 1-2). Por tres veces, por decir que es tentado en todos los aspectos y durante toda su vida, Jesús siente la tentación. El texto señala: "Acabada toda tentación, el demonio se marchó hasta otra ocasión" (Lc 4, 13). El Señor tuvo que defenderse del halago de la multitud, e incluso del criterio de los discípulos: "Tomándole aparte Pedro, se puso a reprenderle diciendo: «¡Lejos de ti, Señor! ¡De ningún modo te sucederá eso!». Pero él, volviéndose, dijo a Pedro: ¡Quítate de mi vista, Satanás! ¡Escándalo eres para mí, porque tus pensamientos no son los de Dios, sino los de los hombres!" (Mt 16, 22-23).

En Getsemaní se describe un momento de inteno combate, cuando la naturaleza humana de Jesús se resiste a abrazar la voluntad divina: "Padre mío, si es posible, que pase de mí este cáliz. Pero no se haga como yo quiero, sino como quieres tú" (Mt 26, 39).

Primera tentación

"Jesús fue llevado al desierto por el Espíritu para ser tentado por el diablo. Y después de ayunar cuarenta días con sus cuarenta noches, al fin sintió hambre. El tentador se le acercó y le dijo: «Si eres Hijo de Dios, di que estas piedras se conviertan en panes». Pero él le contestó: «Está escrito: 'No solo de pan vive el hombre, sino de toda palabra que sale de la boca de Dios'»"
(Mt 4, 3-4; Lc 4, 3).

En esta tentación, la referencia al hambre y al pan abarca la *sensualidad, la afectividad y cuanto en el Mandamiento Principal se simboliza con el corazón.* La tentación representada en satisfacer la necesidad corporal se describe con la sutil sugerencia a Jesús de que convierta las piedras en pan en una circunstancia de hambre. Es la tentación de todo lo que tiene que ver con los instintos de supervivencia. Mas Jesús, frente a la sensualidad y al halago del placer, recomienda el ayuno, y con ello se refiere a la ascesis y al ejercicio de la voluntad que resiste la incitación sensual atractiva.

Segunda tentación

> "Entonces el diablo lo llevó a la ciudad santa, lo puso en el alero del templo y le dijo: «*Si eres Hijo de Dios, tírate abajo,* porque está escrito: 'Ha dado órdenes a sus ángeles acerca de ti y te sostendrán en sus manos, para que tu pie no tropiece con las piedras'». Jesús le dijo: «También está escrito: 'No tentarás al Señor, tu Dios'». (Mt 4, 5-7)

San Lucas presenta esta tentación en tercer lugar: «*Si eres Hijo de Dios, tírate abajo,* porque está escrito: 'Ha dado órdenes a sus ángeles acerca de ti y te sostendrán en sus manos, para que tu pie no tropiece con las piedras'»" (Lc 4, 9-13).

El Tentador halaga a Jesús con imágenes de vanidad para provocar su identidad divina recurriendo al espectáculo de tirarse del pináculo del templo, y así obtener el plebiscito de la multitud que circula por la calle de las tiendas. Esta tentación le conduce a salirse de la voluntad de Dios. De ahí la respuesta: "No tentarás al Señor, tu Dios". Y frente a la tentación que provoca la vanidad, el orgullo, el amor propio y hasta la soberbia, Jesús recomienda la oración, relación por la que se llega a conocer lo que Dios quiere, y al tener un trato de amistad con Él –eso es la oración–, poder defenderse de caer en una excesiva preocupación por sí mismo y de convertir los propios dones en plataforma de afirmación que no tiene en cuenta la voluntad de Dios.

Tercera tentación

> "De nuevo el diablo lo llevó a un monte altísimo y le mostró los reinos del mundo y su gloria, y le dijo: «Todo esto te daré si te postras y me adoras». Entonces le dijo Jesús: «Vete, Satanás, porque está escrito: 'Al Señor, tu Dios, adorarás y a él solo darás culto'»" (Mt 4, 8-10).

San Lucas cambia el orden, y esta misma tentación la coloca en segundo lugar: "Después, llevándole a lo alto, el diablo *le mostró en un instante todos los reinos del mundo y le dijo: «Te daré el poder y la gloria de todo eso,* porque a mí me ha sido dado, y yo lo doy a quien quiero. Si tú te arrodillas delante de mí, todo será tuyo»" (Lc 4, 5-7).

Cuando el Mandamiento Principal se refiere a las fuerzas, se representa con los bienes, las capacidades o los dones. Es la tentación de tener, de poseer y de acaparar. El Tentador provoca a Jesús de Nazaret, llevándole a un monte alto. Quizá sea en su propio pueblo, donde al asomarse al mirador del llamado monte del escándalo se veían pasar las caravanas, que a través de la Via Maris venían de Extremo Oriente con el ofrecimiento del dominio de los territorios y con el deseo de poseer bienes y riquezas.

Jesús, frente a las propuestas tentadoras de poseer los bienes de este mundo por el solo afán de crecer en riquezas, recomienda la limosna, compartir los bienes y ser solidarios con el prójimo, según los dones y capacidades que hayamos recibido.

SENTIDO DE LA TENTACIÓN

A la luz de las tentaciones que sufrió Jesús, aunque en algún caso uno se sienta especialmente aludido al verse afectado por la derrota en alguna de ellas, el ser personal no queda identificado por la quiebra, ni debe centrarse en ella imaginando un falso icono de sí mismo. "Si vamos a hablar de cómo vive una persona, evitemos reducir la totalidad de su vida al campo moral, al de las virtudes y los pecados; a la forma de vida de una persona pertenecen también su riqueza emocional, su fantasía y su creatividad, el sentido de la belleza y el humor, la capacidad de empatía, así como otras cualidades" (T. Halík, *La tarde del cristianismo,* 23). Y yo añado: el ser humano no ha sido hecho a imagen del Tentador, sino a imagen de Dios. Además, si uno no fuera tentado, ¿cómo podría ofrecer algo de valor? Si no se sufriera desolación y sequedad, ¿cómo se podría conocer que se ama a Dios de forma desinteresada? Si no se sintiera la soledad humana, ¿cómo tomaría conciencia de que sólo Él es el único capaz de colmar la necesidad afectiva?

Al verse uno débil, frágil y menesteroso, surge el deseo de abandonarse enteramente en las manos providentes. El retorno humilde a la misericordia permite percibir la paternidad y la paciencia entrañable de Dios. Al final, cuando se llega al límite de las fuerzas y acontece la experiencia del poder de Dios, se descubre que todo sucede para bien.

Si no se experimenta la debilidad, ¿cómo averiguar que quien nos sostiene es el Señor, la fortaleza de su Espíritu? Si no te hirieres en el camino, ¿cómo sabrás que son necesarios las vendas, el aceite y el vino para curar las llagas, las tuyas y las del prójimo que camina por el mismo sendero? Si no se permanece fiel y paciente en la prueba, ¿cómo se podría experimentar la fidelidad divina? Reza el salmo: "Espera en el Señor, sé valiente, ten ánimo, espera en el Señor" (Sal 26, 14). No tenemos dos dioses, el bueno y el malo, el salvador y el tentador; hay un único Dios, que está sobre todo, y todo está sometido bajo sus pies (Sal 109).

Quizá la dificultad mayor que solemos encontrar es la de acudir de nuevo a la misericordia. La falsa humildad y la vergüenza pueden derrotarnos en nuestra caída, por lo que se intenta relativizar el error; o es posible rendirse en la lucha contra el mal, y sufrir así una situación injusta de condena y de autodesprecio. También, por el contrario, se puede caer en la insensibilidad y la autojustificación. "No es posible ser aquí ángeles, que no es nuestra naturaleza. Es así que no me turba alma cuando la veo con grandísimas tentaciones; que, si hay amor y temor de nuestro Señor, ha de salir con mucha ganancia" (Santa Teresa de Jesús, *Conceptos del Amor de Dios*, 2°, 3).

PROCESO DE LA TENTACIÓN

Todo puede empezar con una leve insinuación, un pensamiento, una imagen, una palabra vana, una mirada, y de ahí, puede desatarse una tormenta desestabilizadora. La tentación comienza al entrar en conversación con el Malo. Ese fue el error de Eva, y por dar paso al pensamiento emancipado y pretencioso, que inocula el mal deseo y mueve a la voluntad de manera engañosa; atraída por el bien aparente y subjetivo, perece una vez, da el consentimiento y comete la acción contraria al querer de Dios. Inmediatamente después, se abren los ojos a la propia desnudez, a la constatación de la fragilidad, con riesgo del autodesprecio o de la justificación, lo que puede conducir a la evasión o al retorno humilde a la obediencia. Es una encrucijada existencial, pues cabe arrojarse al barranco de la desesperanza o comenzar de nuevo, palpado el límite de la propia debilidad. Y no solo una vez, sino constantemente.

Hay que estar muy advertidos. La tentación llega en forma de halago, como un ofrecimiento de falsa felicidad; se extiende como una leve sombra que se posa lentamente sobre la mente y produce un pensamiento oscuro y obsesivo. El mal pensamiento, cuando se instala en la mente, si se le permite permanecer, sin casi darse uno cuenta, agigantado, expulsa toda otra noticia y, tiránico y obsesivo, tiene el riesgo de producir dependencias y hasta esclavitud. El papa Francisco advierte:

> "Nuestra primera conversión conlleva un cierto orden: el mal que hemos reconocido y tratado de extirpar de nuestra vida, efectivamente se aleja de nosotros; pero es ingenuo pensar que permanezca alejado por largo tiempo. En realidad, poco después se nos vuelve a presentar bajo una nueva apariencia. Si antes aparecía vulgar y violento, ahora en cambio se comporta de manera más elegante y educada. Entonces necesitamos reconocerlo y desenmascararlo una vez más. Permítanme la expresión: son los «demonios educados», entran con educación, sin que uno se dé cuenta. Sólo la práctica cotidiana del examen de conciencia puede hacer que nos demos cuenta. Por eso se ve la importancia del examen de conciencia, para vigilar la casa" (Francisco, Discurso a la Curia, 22 diciembre 2022).

CIRCUNSTANCIAS FAVORABLES A LA TENTACIÓN Y A LA VICTORIA

Cabe que a la tentación le preceda un estado de ánimo melancólico, un tiempo oscuro, una quiebra afectiva, una dificultad económica, y también el estrés o el exceso de trabajo, por lo que llega a imponerse la tristeza. Al principio se percibe atracción hacia el objeto deseado, más cuando pensamiento y deseo negativos crecen, se apoderan del ánimo y bloquean los sentimientos positivos del corazón. Así sucede con la tentación espiritual de la acedia, que deja como fruto la desconfianza en uno mismo, la desgana hacia los proyectos solidarios, el desaliento ante la voluntad de Dios, y surge la deriva posible de dar paso a la compensación egoísta.

Cuando se conoce el proceso de la tentación, se debe atajar con la misma estrategia, dejando entrar la Palabra de vida, que dé ánimo e inunde el ser y se adueñe enteramente de la conciencia. Y al igual que sucede en el proceso negativo, todo puede cambiar y la hora de la prueba convertirse en experiencia de gozo, de fuerza, de presencia amiga y de gracia, si, atentos, nos pertrechamos con la invocación del nombre de Jesús, con la escucha de la moción consoladora y con la acogida de la Palabra de Dios, en resumen, con las armas del bien obrar.

> "Por eso, tomad las armas de Dios para poder resistir en el día malo y manteneros firmes después de haber superado todas las pruebas. Estad firmes; ceñid la cintura con la verdad, y revestid la coraza de la justicia; calzad los pies con la prontitud para el evangelio de la paz. Embrazad el escudo de la fe, donde se apagarán las flechas incendiarias del maligno. Poneos el casco de la salvación y empuñad la espada del Espíritu que es la palabra de Dios. Siempre en oración y súplica, orad en toda

> ocasión en el Espíritu, velando juntos con constancia, y suplicando por todos los santos" (Ef 6, 13-18).

OPCIONES EVANGÉLICAS

Sorprende que las tentaciones tengan tanta relación con la invitación a bodas. La imagen del pan y la referencia al corazón evocan las nupcias. En el pan y en el corazón se concentra la dimensión afectiva de la persona, y ahí se cobijan también la sensualidad y los instintos más imperiosos.

Frente a las tentaciones, la alternativa cristiana es acogerse a la mirada compasiva del Señor, que ha prometido de muchas maneras curar y perdonar. Además, la misma tentación puede dar mayor conocimiento de uno mismo y más crecimiento y maduración espirituales.

Observemos que los textos de las estipulaciones del Mandamiento Principal, las tentaciones de Jesús y los antídotos que Él propone, han tomado forma en los compromisos evangélicos y quienes los profesan configuran sus vidas con la forma de vida de Jesús de Nazaret y de su santa Madre, la Virgen María.

Si frente a la sensualidad Jesús recomienda el ayuno, la forma de vida cristiana de consagrarse al Señor, aunque al inicio se formuló con el voto de "conversión de costumbres", desde el siglo XII, a partir de san Francisco de Asís, se explicitó de forma más concreta con el voto de castidad, por el que el monje y el consagrado intentan dominar el corazón. Ellos son los testigos más acreditados, al vivir por gracia el celibato y la virginidad. No es por un ascetismo de faquir, sino por amor.

Si frente al afán de poder Jesús recomienda la oración, relación teologal por la que se descubre la voluntad divina, como respuesta evangélica se concreta en el voto de obediencia, que implica no solo dominar la mente, como puede hacer un yogui, sino asumir el querer de Dios como forma de pensar.

Si frente al afán de tener, de poseer y de acaparar Jesús recomienda la limosna, en la vida consagrada, la solidaridad toma forma con el voto de pobreza, que no es solo dominar el instinto posesivo, sino que mueve a compartir los bienes y a servir con los propios dones y capacidades. El pobre de Asís recomendaba a sus hermanos que trabajaran y recibieran su paga, porque siempre hay pobres y enfermos a los que se les puede ayudar.

RESPUESTA DESDE EL AMOR

En este contexto, sorprende la ofrenda que, según el Evangelio de San Mateo, hacen los Magos al postrarse ante el Niño Jesús, que está en brazos de su madre y le entregan oro, incienso y mirra.

El oro se relaciona con las riquezas y con la realeza. El incienso es símbolo de la relación teologal y orante. Y la mirra es el perfume del amor. De manera inversa a los Consejos Evangélicos. Sin embargo, en los dones que ofrecen a Jesús los Magos descubrimos resonancias de las propuestas de Jesús frente a las tentaciones, y de los compromisos religiosos. A su vez, los propios dones de los Magos se pueden convertir en ídolos y en expresiones totalmente contrarias al amor debido a Dios con todo el corazón, con toda el alma y con todas las fuerzas.

Finalmente, el fruto que se deriva de la victoria frente a la tentación se percibe en la restauración de la creación. Los efectos que produjo el consentimiento de Adán y Eva a los halagos del Tentador, por los que el jardín se convirtió en desierto, gracias a la victoria de Jesús sobre las tentaciones, y a quienes toman su forma de vida, el desierto se convierte en huerto y el huerto, en jardín. Quienes superan las tentaciones son testigos del Reino de Dios y participan en el banquete nupcial.

Cuestiones

- ¿Interpretas la tentación como prueba de maduración humana y espiritual?
- ¿Qué tentación es la que más percibes?
- ¿Practicas los remedios que nos da Jesús del ayuno, la oración y la limosna?

PROBADOS

"En aquellos días, profundamente afligido, sollocé,
me eché a llorar y empecé a rezar entre sollozos:
«Señor, tú eres justo, todas tus obras son justas;
tú actúas con misericordia y lealtad,
tú eres el juez del mundo.
Tú, Señor, acuérdate de mí y mírame;
no me castigues por mis pecados,
mis errores y los de mis padres,
cometidos en tu presencia, desobedeciendo tus mandatos.
Nos has entregado al saqueo, al destierro y a la muerte,
nos has hecho refrán, comentario y burla de todas las naciones
donde nos has dispersado.
Sí, todas tus sentencias son justas cuando me tratas
así por mis pecados, porque no hemos cumplido
tus mandatos ni hemos procedido
lealmente en tu presencia. Haz ahora de mí lo que te guste.
Manda que me quiten la vida, y desapareceré de la faz
de la tierra y en tierra me convertiré. Porque más vale morir
que vivir, después de oír ultrajes que no merezco
y verme invadido de tristeza. Manda, Señor,
que yo me libre de esta prueba; déjame marchar
a la eterna morada y no me apartes tu rostro,
Señor, porque más me vale morir que vivir pasando

esta prueba y escuchando tales ultrajes».
Aquel mismo día, Sara, la hija de Ragüel,
el de Ecbatana de Media, tuvo que soportar también
los insultos de una criada de su padre;
porque Sara se había casado
siete veces, pero el maldito demonio Asmodeo fue matando
a todos los maridos, cuando iban a unirse a ella
según costumbre.
La criada le dijo: «Eres tú la que matas a tus maridos.
Te han casado ya con siete, y no llevas el apellido ni siquiera
de uno. Porque ellos hayan muerto,
¿a qué nos castigas por su culpa? ¡Vete con ellos!
¡Que no veamos nunca ni un hijo ni una hija tuya!».
Entonces Sara, profundamente afligida,
se echó a llorar y subió al piso de arriba de la casa,
con intención de ahorcarse.
Pero lo pensó otra vez, y se dijo:
«¡Van a echárselo en cara a mi padre!
Le dirán que la única hija que tenía, tan querida,
se ahorcó al verse hecha una desgraciada.
Y mandaré a la tumba a mi anciano padre,
de puro dolor. Será mejor no ahorcarme,
sino pedir al Señor la muerte,
y así ya no tendré que oír más insultos».
Extendió las manos hacia la ventana y rezó.
En el mismo momento,
el Dios de la gloria escuchó la oración
de los dos, y envió a Rafael para curarlos"
(Tob 3,1-11a.16-17a).

INTRODUCCIÓN

Si nos sabemos invitados a una alianza de amor y a participar en un banquete nupcial, puede extrañarnos la selección de este pasaje bíblico. Sin embargo, en él también se alude a la celebración creyente de la unión entre el hijo de Tobías y la hija de Ragüel.

El texto escogido nos ofrece además las reacciones que se pueden dar en tiempos recios. El texto revelado refiere y concentra varias respuestas de personas creyentes ante circunstancias adversas, y son luz para los tiempos oscuros.

A veces se puede pensar que en un creyente no cabe tener dudas de la bondad de Dios, o que en todo caso debe sublimar las crisis y las circunstancias dolorosas de forma teologal, humilde y paciente. El libro de Tobías, uno de los textos sapienciales de las Sagradas Escrituras, narra con todo realismo los sentimientos que pueden surgir ante el acoso de diferentes desgracias. El relato bíblico ayuda a comprender las posibles reacciones humanas que se dan en momentos difíciles, no solo en los demás, sino en uno mismo. Y al encontrarlas citadas en un texto revelado, son un acompañamiento espiritual para saber actuar, y sobre todo para no juzgar de forma despiadada a quien se rebela o se entristece en su interior a la hora de la prueba.

En muchos pasajes bíblicos, se destaca en lenguaje antropomorfo el proceso que Dios permite que atravesemos para demostrar su providente intervención, más allá de lo que es previsible desde la lógica y desde la sociología. Al contemplar las circunstancias que se describen en el texto sagrado, la evolución de los sentimientos más íntimos y el resultado final del relato, en vez de quedar atrapados en una lectura intrascendente, la revelación ilumina los hechos que podrían juzgarse como fatales y nos abre a una visión trascendente e iluminadora de la realidad.

En el momento de la prueba, aun teniendo fe, se pueden tener reacciones contrapuestas. Es posible pasar del abandono confiado a la desolación, hasta el extremo de desearse la muerte como solución ante lo insoportable del combate. Es significativa la escena bíblica que en otro lugar se refiere al profeta Elías, quien perseguido por la reina Jezabel, tiene que huir, pasar hambre y sed, sentir la humillación de tener que mendigar el pan y, agotado por la lucha, se echa al suelo, derrumbado, deseándose la muerte. "Llegó a Berseba de Judá y allí dejó a su criado. Luego anduvo por el desierto una jornada de camino, hasta que, sentándose bajo una retama, imploró la muerte diciendo: «¡Ya es demasiado, Señor! ¡Toma mi vida, pues no soy mejor que mis padres!»" (1Re 19, 3-4). En ese preciso instante, interviene el ángel de Dios y le invita a comer y a beber porque el camino es largo. Al final, Elías es testigo de la manifestación divina, que se deja sentir en una suave brisa.

Mas volvamos al pasaje del libro de Tobías para meditar las reacciones tanto de Tobías como de la joven Sara, y con ello iluminar circunstancias personales o sociales que cabe experimentar. Es fácil encontrar la correspondencia con el pasaje evangélico en el que Jesús, tendido en tierra en Getsemaní, ruega a su Padre que le libre de tanta angustia: "Y adelantándose un poco, caía en tierra y suplicaba que a ser posible pasara de él aquella hora. Y decía: «¡Abbá, Padre!»; todo es posible para ti; aparta de mí esta copa" (Mc 14, 35-36).

REACCIONES POSIBLES NATURALES

Depresión

El relato escogido señala que ambos protagonistas, lo mismo el anciano Tobías que la joven Sara, viven la experiencia de la depresión, de la tristeza y del llanto. Tobías confiesa: "Profundamente afligido, sollocé, me eché a llorar y empecé a rezar entre sollozos". Y "Sara, profundamente afligida, se echó a llorar" (Tob 3, 1. 10). Hoy día, según las referencias sociales, crece el número de personas con depresión. La tristeza, el decaimiento y la desgana se adueñan del ser y producen una enfermedad muy dolorosa, que a veces se cree originada por uno mismo, lo que en ocasiones provoca un complejo de culpabilidad.

Al ver llorar a Tobías y a Sara, y sobre todo al ver llorar a Jesús –"Jesús se echó a llorar. Los judíos comentaban: «¡Cómo lo quería!»" (Jn 11, 35-36)–, en principio no se debe culpar ni por el llanto ni por la tristeza. Jesús "empezó a sentir tristeza y angustia. Entonces les dijo: «Mi alma está triste hasta la muerte»" (Mt 26, 37-38). "Cristo, en los días de su vida mortal, a gritos y con lágrimas, presentó oraciones y súplicas al que podía salvarlo de la muerte, siendo escuchado por su piedad filial. Y, aun siendo Hijo, aprendió, sufriendo, a obedecer" (Hbr 5, 7-8). Son legítimas reacciones humanas, que no deben ser juzgadas como expresión de carácter débil y menos añadirles culpabilidad por mostrar el derrumbe del ánimo.

La herida duele, el fracaso entristece, la enfermedad deprime, la infidelidad escuece, la quiebra preocupa, la caída crónica desespera, la ingratitud hiere, todo ello más allá de que se intente convertir en ofrenda la situación o de que se lea de manera creyente. El decaimiento del ánimo, cuando se sufre, es natural. Sentir alegría en la hora de la prueba es heroico. No se debe echar doble peso sobre las espaldas de los probados, por la carga que significa la desgracia y por no ser capaces de sublimarla. Es verdad que si cuando se viven circunstancias aciagas se trascienden, hay mayor posibilidad de soportarlas, y los que así reaccionan se convierten en testigos y ejemplo para quienes los ven. Los mártires son testimonio de esta forma de afrontar la contrariedad y hasta la persecución. Jesús no se arredró en la prueba y a pesar del dolor que le supuso la Pasión, se entregó en manos de su Padre.

Se puede estar triste y confesar la bondad de Dios. Es posible llorar y bendecir, sentir el desgarro en el propio ser y ofrecer el sacrificio. Es distinto lamentarse ante el vacío, que hacerlo ante quien sabemos que nos mira con misericordia. Aunque es conocida la anécdota, referida a san Francisco de Asís:

> "Iban San Francisco y el hermano León camino de Santa María de los Ángeles desde Perugia. Era invierno y estaban atormentados por el fuerte viento. El hermano León preguntó: Padre, te ruego por parte de Dios, que me digas dónde está la perfecta alegría.
>
> Y san Francisco le respondió así: Cuando lleguemos a Santa María de los Ángeles, completamente mojados por la lluvia y muertos de frío, llenos de barro y afligidos por el hambre, y toquemos a la puerta del convento, y el portero, irritado nos diga:
>
> ¿Quiénes son ustedes? Y nosotros le digamos: Somos dos de vuestros hermanos, y él nos diga: No es cierto: son dos vagabundos que buscan engañar al mundo y roban las limosnas de los pobres; fuera de aquí. Y no nos abra y nos deje a la intemperie bajo la nieve y la lluvia, con frío y hambre hasta la noche: entonces, si soportamos tal injuria y crueldad, tantos malos tratos, pacientemente, sin perturbarnos y sin hablar mal de él (...) escribe que en ello no está la perfecta alegría.
>
> Y si aún, confusos por el hambre y el frío y la noche tocamos una vez más y pedimos por el amor de Dios, con lágrimas en los ojos, que nos abra la puerta y nos deje entrar, y él más escandalizado dijera: Vagabundos inoportunos, les pagaré como merecen.
>
> Y saliera de ahí con un palo y nos agarrara la capucha y nos tirara al piso y nos arrastrara

> por la nieve y nos golpeara con el palo.
> Si nosotros soportamos todas esas cosas
> pacientemente y con alegría, pensando
> en los sufrimientos de Cristo bendito, los
> cuales debemos soportar por su amor,
> ¡oh hermano León!, escribe que ahí y en eso
> está la perfecta alegría".

Sentimiento de culpa

Aunque el llanto, la tristeza y la desolación, por sí mismos no sean efecto de culpa alguna, en circunstancias de extrema sensibilidad puede surgir la sospecha de que el desánimo sea efecto de algo que se ha hecho mal. Así reacciona Tobías: "No hemos cumplido tus mandatos ni hemos procedido lealmente en tu presencia" (Tob 3, 4). En este caso, la desgracia se interpreta como posible castigo por haber realizado hechos contrarios a Dios. Tobías lo ve así: "No me castigues por mis pecados, mis errores y los de mis padres, cometidos en tu presencia, desobedeciendo tus mandatos" (Tob 3, 3). Esta interpretación del sufrimiento tiene raíces deístas, o corresponde a un momento cultural y religioso en el que se representa a Dios de manera un tanto pagana, que castiga y se venga cuando nos portamos mal.

Suele ser frecuente implicar a Dios en los accidentes, en los fenómenos atmosféricos, en las catástrofes, como si Él fuera el causante de esos males que se interpretan como castigo divino. Si algo se demuestra en la Biblia y a lo largo de toda la Historia de Salvación es precisamente lo contrario. Según la revelación, Dios acude en rescate de su pueblo y de sus elegidos. Él se muestra como Dios de paz, amante de la vida, lento a la ira y rico en piedad. "Habéis oído hablar de la paciencia de Job y ya sabéis el final que le concedió el Señor, porque el Señor es compasivo y misericordioso" (Sant 4, 11).

Hay situaciones que son fruto de un desorden moral o de una conducta errónea y tienen consecuencias adversas naturales. Pero no siempre es así, ni mucho menos. En la parábola del "Hijo pródigo" (Lc 15), lejos de rechazo o de reprensión el padre aguarda el retorno del hijo menor para abrazarlo y para ofrecerle un banquete restaurador.

Los libros bíblicos de Job, de Ester, de Daniel, de Rut, como el de Tobías y muchos salmos revelan que la circunstancia adversa no siempre es causada por los mismos que la sufren, ni se puede ver como consecuencia del pecado personal, sino que se da para que se manifieste aún con más claridad el favor de Dios. Así aparece en el Evangelio: "Al pasar, vio Jesús a un hombre ciego de nacimiento. Y sus discípulos le preguntaron: «Maestro, ¿quién pecó: este o sus padres, para que naciera ciego?». Jesús contestó: «Ni este pecó ni sus padres, sino para que se manifiesten en él las obras de Dios»" (Jn 9, 1-3).

Sufrimiento injusto

El dolor no se siente solo físicamente. Hay comportamientos y muchas acciones que producen sufrimiento moral que atenaza el estómago. Actualmente el infundio, la noticia falsa o la denuncia sin pruebas son estrategias para hacer daño. Quienes sufren injustamente la difamación pueden llegar a la desesperación, y más cuando sale a la luz algún hecho que se quería mantener oculto, pues se debería respetar la intimidad de la persona. En ambos casos, la pérdida de la honra es semejante a un atentado contra la vida de cada uno.

Perder la fama por calumnia es como sufrir una muerte incruenta. A muchos la difamación los ha llevado al exilio, a vivir en clandestinidad y hasta al suicidio. En ocasiones, la sociedad es sádica o hipócrita. Si algo es delito se debe denunciar y perseguir, pero a menudo se hiere el honor de las personas sin razón para ello.

Los protagonistas del texto revelado, Tobías y Sarray, sufren injustamente la maledicencia, la sospecha, el juicio inmisericorde o la habladuría: Tobías, refiriéndose a los israelitas deportados, se lamenta ante Dios: "Nos has hecho refrán, comentario y burla de todas las naciones donde nos has dispersado" (Tob 3, 4). En el caso de la hija de Ragüel, por una calumnia tuvo que soportar los insultos de una criada de su padre. "Eres tú la que matas a tus maridos" (Tob 3, 7). "Te han casado ya con siete, y no llevas el apellido ni siquiera de uno. Porque ellos hayan muerto" (Tob 3, 8).

Sorprende la actualidad del texto bíblico. En varias ocasiones, el papa Francisco, se ha referido a quienes tienen la lengua larga.

> "A veces nos justificamos diciendo:
> «he dicho completamente la verdad».
> Puede ser, pero has revelado hechos

> personales o reservados. Cuántas habladurías destruyen la comunión por inoportunidad o falta de delicadeza. Es más, las habladurías matan y esto lo dice el apóstol Santiago en su Carta.
>
> Los chismosos son gente que mata: mata a los demás, porque la lengua mata como un cuchillo. ¡Tened cuidado! Un chismoso o una chismosa es un terrorista, porque con su lengua lanza la bomba y se va tranquilo, pero lo que dice, esa bomba lanzada, destruye la fama del prójimo. No lo olvidéis: decir habladurías es matar" (Francisco, Audiencia, 14-XI-2018).

Muchas veces debemos escarmentar en cabeza ajena. El clima político de descrédito, los medios de comunicación por sorprender con titulares llamativos, conversaciones y tertulias desenfadadas se alimentan de la crítica, de la sospecha, de insinuaciones que introducen el mal pensamiento acerca de terceras personas.

Al contemplar la injusticia que supone el juicio contra Sarray, que la lleva a sentir la tentación del suicidio, deberíamos ser muy sensibles en nuestra comunicación, y tener oídos sordos ante lo que no es probado.

Sospecha de maldición

Si la maledicencia tiene efectos dramáticos, la maldición puede originar que se padezca la semejanza con una persecución con efectos psicológicos de angustia. La Biblia alude a la bendición de Dios. Así sucede en la historia de Abraham: "Bendeciré a los que te bendigan, maldeciré a los que te maldigan, y en ti serán benditas todas las familias de la tierra" (Gn 12, 1). Isaac bendice a Jacob y lo convierte en heredero (Gn 27). David bendice a su hijo Salomón y este se convierte en rey (1Re 2, 2). A su vez, recibir una maldición sobrecarga la conciencia, se arrastra como un fardo pesado la sospecha de que acontezca el mal deseo. "La maldición de la madre arranca los cimientos" (Eclo 3, 9).

En culturas de religiones tradicionales, tanto la bendición como la maldición son expresiones muy solemnes a las que se da crédito. Una maldición pronunciada por alguien con autoridad produce una reacción de miedo permanente, y lo que quizá no sucede como consecuencia de las palabras negativas que se han escuchado, acontece por la reacción psicológica, al darles valor. Sara escucha de la criada: "¡Que no veamos nunca ni un hijo ni una hija tuya!" (Tob 3, 9). En Israel la esterilidad era interpretada como maldición divina. Aunque la Biblia asegura que "la maldición injusta no llega a su destino" (Prov 26, 2), a Sara, después de haber sufrido por siete veces el desenlace fatal en la noche de bodas con la muerte de sus maridos, las palabras de la criada la sumen en un abatimiento depresivo no solo por lo que le dicen, sino por levantarle la sospecha de que en verdad lo que ha sucedido se deba a una maldición divina.

Aunque no es frecuente escuchar maldiciones, sin embargo, crecen los juegos esotéricos y las prácticas espiritistas que esclavizan y someten a quienes se entregan a ellas, y los efectos negativos son semejantes a los de una maldición. No es bueno jugar con lo sagrado, ni manipular las conciencias, sometiéndolas, al infundirles la sospecha del castigo divino y el miedo a Dios.

Desesperanza

Cuando se padece, nunca se sabe el tiempo que durará la prueba, es como si se parase el tiempo. Todo lo que sucede queda contagiado de oscuridad y tristeza, hasta el extremo de asentarse en lo profundo del ser la desesperanza. Sin llegar a la desesperación, se pierden las ganas de vivir, como refleja el relato de Tobías: "Manda que me quiten la vida, y desapareceré de la faz de la tierra y en tierra me convertiré". La reacción existencial, tanto de Tobías, como de Sarray, es de desearse la muerte: "Más vale morir que vivir, después de oír ultrajes que no merezco y verme invadido de tristeza" (Tob 3, 6). "Será mejor pedir al Señor la muerte" (Tob 3, 10). Un ejemplo parecido lo encontramos en el libro de Job: "¿Por qué al salir del vientre no morí o perecí al salir de las entrañas?" (Job 3, 10-11).

No cabe hablar desde fuera de la situación recomendando fortaleza a quien sufre una circunstancia límite. Más bien se debe estar cerca de quienes viven alguna crisis de autoestima y expresarles amistad y cercanía, aliviándoles en lo posible, haciendo que se sientan queridos. Hoy día crece en muchas personas el desánimo y cabe que lleguen a la desesperanza.

> "En este momento, en el cual la pandemia del Covid-19 ha producido una crisis de múltiples aspectos, en particular un fuerte impacto sobre la educación y sobre los jóvenes, os invito a haceros más cercanas a las personas que viven el aislamiento, la tristeza y el desánimo. De hecho, «se debe privilegiar el idioma de la proximidad, el lenguaje del amor desinteresado, relacional y existencial que toca el corazón, llega a la vida, despierta esperanza y deseos»" (Exhort. ap. postsin. *Christus vivit*, 211). (Francisco, Discurso a las Canonesas, 24 enero 2022).

Son frecuentes las noticias de sucesos terribles, muy tristes, de adolescentes y de jóvenes que sufren trastornos mentales o depresiones, y que caminan sumergidos en la tristeza producida por el aislamiento y por el mal uso de los medios de comunicación. El ejemplo de Tobías y de Sarray, que vencen la desesperanza con la relación orante, es iluminador.

Desesperación

No imaginábamos que en un texto sagrado se fuera a narrar el caso límite de quien vive el atractivo de la desesperación como salida de una situación real o imaginada de terror y desafección personal, de soledad terrible. Sarray "subió al piso de arriba de la casa, con intención de ahorcarse" (Tob 3, 10). No cabe el juicio sobre quien siente el deseo de aniquilarse, cuando eso supone anular el precioso instinto de conservación, por el que todos deseamos la vida. ¿Qué idea puede vencer lo más sagrado del ser humano, como es el deseo de vivir? Algo tiene que pasar en la mente que supere la lógica y se convierta en una atracción irresistible como liberación de circunstancias negativas reales o imaginadas.

Siempre será un misterio el final de uno de los apóstoles de Jesús, Judas, quien, incapaz de resistir su culpa y encerrado en su dolor, se marchó desesperado. Dicen que santa Margarita le preguntó a Jesús por la suerte del discípulo traidor, a lo que el Señor le respondió que era cuestión suya.

Ha cambiado mucho socialmente la reacción que suscita una muerte buscada, porque se intenta comprender el trastorno que se produce en la mente y en el corazón de las personas que se marchan voluntariamente. Sobre todo, por el dolor que dejan en tantas familias. Sarray "se dijo: «¡Van a echárselo en cara a mi padre! Le dirán que la única hija que tenía, tan querida, se ahorcó al verse hecha una desgraciada. Y mandaré a la tumba a mi anciano padre, de puro dolor»" (Tob 3, 10). Imaginó este dolor cuando se dijo: "Será mejor no ahorcarme, sino pedir al Señor la muerte, y así ya no tendré que oír más insultos»". Extendió las manos hacia la ventana y rezó" (Tob 3, 10-11). Siempre cabe orar por los que pierden las ganas de vivir.

REACCIONES CREYENTES

Expresión de fe

El relato, como tantos otros textos bíblicos, se comprende desde el final, y lo que parecía una secuencia dura y violenta, extraña para ser revelación de Dios, porque se intuía un final fatal, recobra su sentido más pleno y existencial porque en él se demuestra el don de la fe, convertido en grito de socorro, en llamada de auxilio a Dios, al reconocerlo misericordioso y no echarle las culpas de la situación negativa: "Señor, tú eres justo, todas tus obras son justas" (Tob 3, 2).

El texto demuestra en secuencias anteriores la identidad creyente de Tobías, quien arriesgaba su vida por el deber de piedad de enterrar a los muertos, en este caso israelitas asesinados en el exilio. Su fe y su hospitalidad se verán bendecidas, porque para Dios nada queda oculto. Se demuestra la eficacia de la oración, tanto con el anciano como con la hija de Ragüel. La oración rompe el techo que oprime. El grito desesperanzado y hasta desesperado conmueve a Dios: "Desde lo hondo a ti grito, Señor; Señor, escucha mi voz; estén tus oídos atentos a la voz de mi súplica. Si llevas cuenta de los delitos, Señor, ¿quién podrá resistir?" (Sal 129, 1-3).

La peor tentación es la de sentirse solo en el momento de la prueba. Por el contrario, aunque uno se sienta solo, si grita al Señor, si invoca su nombre, se libera del encerramiento que le puede llevar a un final fatal.

Apelación a la oración

Todo el drama que se desarrolla en el libro de Tobías comienza por la oración: "Empecé a rezar entre sollozos: «Tú, Señor, acuérdate de mí y mírame»" (Tob 3, 1), y culmina rezando: Sara "extendió las manos hacia la ventana y rezó" (Tob 3, 11). Tobías había pedido a Dios: "No me apartes tu rostro, Señor" (Tob 3,6).

El texto resalta la experiencia de la crisis, por lo que la oración se convierte en súplica y en grito de auxilio. Sin embargo, al final, al experimentar la respuesta providente, surge la alabanza, la bendición y el reconocimiento teologal: "Bendito seas, Dios misericordioso, y bendito sea tu nombre por siempre; que tus obras te bendigan por los siglos" (Tob 3, 11).

Es importante exclamar "¡socorro!" en el momento de angustia, y ser agradecido en tiempos favorables. Jesús es sensible a la respuesta reconocedora del favor recibido, como lo demuestra ante el leproso samaritano: "Viendo que estaba curado, se volvió alabando a Dios a grandes gritos y se postró a los pies de Jesús, rostro en tierra, dándole gracias. Este era un samaritano. Jesús tomó la palabra y dijo: «¿No han quedado limpios los diez?; los otros nueve, ¿dónde están? ¿No ha habido quien volviera a dar gloria a Dios más que este extranjero?»" (Lc 17, 15-18).

Experiencia de misericordia

"En el mismo momento, el Dios de la gloria escuchó la oración de los dos" (Tob 3, 16-17). La respuesta divina se convierte en razón de esperanza. Al hilo de la narración, se puede imaginar que todo acabará en catástrofe, pero si se lee hasta el final, se descubre cuál es la reacción adecuada, que salva de la solución fatal. "El Dios de la gloria envió a Rafael para curarlos" (Tob 3, 16). Y se cumple la sentencia de la que parte el relato: "Tú actúas con misericordia y lealtad, tú eres el juez del mundo" (Tob 3, 2).

Es cierto que en la experiencia personal se desearía tener la certeza de que a la noche le sigue el alba, que la herida se ilumina y concede sabiduría, y que a la muerte le sigue la vida. La fe adelanta la certeza, y el creyente llega a rezar:

"El Señor es mi pastor, nada me falta:
en verdes praderas me hace recostar;
me conduce hacia fuentes tranquilas
y repara mis fuerzas; me guía por el sendero
justo, por el honor de su nombre.
Aunque camine por cañadas oscuras,
nada temo, porque tú vas conmigo:
tu vara y tu cayado me sosiegan"
(Sal 22, 1-4).

Salmo en tiempo de desgracia

"Una viña arrasada es Israel,
el fruto es como ella. Por la abundancia
de sus frutos, multiplicó sus altares.
Cuanto más rica era su tierra,
más adornaban sus estelas"
(Os 10, 1).

¿Por qué tiene que ser así?
¿Por qué cuando las cosas van bien te olvidamos a Ti,
dador de todos los dones, y cuando nos vemos acuciados
por la desgracia acudimos a Ti?
¿Por qué cuando estamos sanos vivimos un tanto
inconscientes y cuando enfermamos invocamos
tu nombre?

En tiempos de abundancia nos sentimos
autosuficientes,
y en la escasez levantamos los brazos suplicantes.

¿Será que conoces nuestro corazón
y permites la experiencia del despojo como pedagogía,
para que volvamos los ojos hacia ti?
¿Nos dejas que avancemos aparentemente seguros,
hasta descubrir nuestra debilidad?
¿Tenemos que experimentar el fracaso
para darnos cuenta de nuestras idolatrías?

¿Tendremos que llegar a la quiebra
para reconocer que no nos salvan nuestras fuerzas
ni nuestros equipamientos?

Ven, Señor, en nuestro auxilio.
No lleves cuentas del mal.
Reconocemos nuestra torpeza.
Solo Tú tienes poder para salvarnos.

Ven en nuestra ayuda,
aunque no tengamos el valor de pedírtela.

(Ángel Moreno, *Salmos para tiempos recios*, PPC, 2022)

Cuestiones

- ¿Te castigas por no sublimar las pruebas?
- ¿Mantienes la fe en la misericordia de Dios en medio de la contrariedad?
- ¿Reconoces en tu historia qué acontecimientos que creías fatales, te han dejado la experiencia de la Providencia divina?

PERDONADOS

"Un hombre bajaba de Jerusalén a Jericó,
cayó en manos de unos bandidos, que lo desnudaron,
lo molieron a palos y se marcharon, dejándolo medio muerto.
Por casualidad, un sacerdote bajaba por aquel camino y,
al verlo, dio un rodeo y pasó de largo.
Y lo mismo hizo un levita que llegó a aquel sitio:
al verlo dio un rodeo y pasó de largo.
Pero un samaritano que iba de viaje llegó adonde estaba él y,
al verlo, se compadeció, y acercándose, le vendó las heridas,
echándoles aceite y vino, y, montándolo en su propia
cabalgadura, lo llevó a una posada y lo cuidó.
Al día siguiente, sacando dos denarios, se los dio al posadero
y le dijo: «Cuida de él, y lo que gastes de más
yo te lo pagaré cuando vuelva»"

(Lc 10, 30-35).

INTRODUCCIÓN

Uno de los libros de espiritualidad más conocidos de los últimos tiempos es *El regreso del hijo pródigo*, de Henri Nowen. En él se puede leer: "Aunque sea el hijo menor y el hijo mayor, no estoy llamado a continuar siéndolo, sino a convertirme en el padre". Expresión que llama a ensanchar las entrañas para saber perdonar desde la experiencia de saberse perdonado.

La fuente de la que mana todo gesto paciente, no violento, sereno, comprensivo, acogedor y entrañable de mirar al otro, aun al más extraño, desde otra perspectiva, no paternalista, sino como persona y sacramento, es el rebosamiento de lo que se ha recibido como mejor título: el perdón y la experiencia de misericordia gratuita. Resuena la sentencia de Jesús ante la pecadora: "El que esté sin pecado, que le tire la primera piedra" (Jn 8, 7). ¿Quién no necesita perdón? ¿Y quién no necesita el gesto samaritano de que le sean ungidas las heridas?

Dios perdona y manda perdonar, y al hacerlo, nunca humilla. La locura de Dios es irremediable porque se ha enamorado de la humanidad. "De vuestros padres se enamoró el Señor, los amó, y de su descendencia os escogió a vosotros entre todos los pueblos, como sucede hoy" (Dt 10, 15). Y desea habitar entre los hombres y unirse a cada ser humano. "Yo creo en el Dios que san Pablo dice que «en él vivimos, nos movemos y existimos»" (Act 17, 28) (Halík, *La tarde del cristianismo,* 37). El salmista canta: "Señor, Tú me sondeas y me conoces, me estrechas detrás y delante, tu saber me sobrepasa" (Sal 138).

Por el misterio de la Encarnación, al tomar carne mortal en su Hijo, Dios toma forma de pecado: "No tenemos un sumo sacerdote incapaz de compadecerse de nuestras debilidades, sino que ha sido probado en todo como nosotros, menos en el pecado" (Hbr 4, 15). Y concede, por amor, dignidad a la humanidad entera y capacidad de perdonar. Al mirar a quien ha querido correr nuestra suerte entregando su vida por amor para perdón de todos, surge la historia nueva, que rebosa misericordia, reconciliación y respeto hasta para con los mismos enemigos.

El perdón es bálsamo en la herida, como gesto samaritano; desactiva la violencia y resuelve la incompatibilidad entre personas; libera el corazón de los deseos de venganza, serena la mente de toda obstinación ideológica sectaria, capacita para comenzar de nuevo un proyecto reconciliador, transforma la pérdida en ganancia, transfigura la realidad haciéndola ocasión de amar, transmite paz, deja gustar la bondad de las personas y lo más noble del corazón humano.

Los fariseos se escandalizaron cuando oyeron a Jesús decirle al paralítico: "Perdonados te son tus pecados". Y se decían: "¿Quién puede perdonar pecados, sino solo uno, Dios?" (Mc 2, 7). Jesús, desde la Cruz, exclamó: "Padre, perdónalos, porque no saben lo que hacen" (Lc 23, 34). El perdón es regalo del Redentor y posibilidad restauradora; devuelve la vitalidad, incluso física, la ilusión perdida y la fuerza para reemprender el camino, da posibilidad de comenzar de nuevo, levanta el muro infranqueable frente al ayer oscuro, es frontera cerrada a la mala memoria.

El perdón devuelve el gozo de la relación esencial con Dios, con los hermanos y con uno mismo, ilumina el interior del alma, da claridad a la mirada, estabiliza el ánimo, concede capacidad de entregarse enteramente, despierta la sensibilidad social y la relación entrañable, hace brotar la paz y la alegría en la conciencia, descarga del peso que se arrastra por los pasos errados. Por el perdón, al tiempo de saberse rehabilitado, se percibe el fruto de la humildad, pues genera sentimientos agradecidos y generosos y mueve a compasión.

NECESIDAD DEL PERDÓN

Mientras se vive de manera autónoma e independiente, apoyado en las propias fuerzas, cabe caminar seguro de sí mismo, un tanto prepotente y vanidoso. Pero hay que bajar a lo más profundo del ser, a las bodegas del corazón y tomar conciencia de que han tenido que suceder la noche más oscura y la angustia más insoportable de sentir la inestabilidad bajo los pies y la atracción vertiginosa del abismo, para gritar: "¡Socorro, auxilio!" Ha sido necesario gustar el poso amargo del autodesprecio y la derrota prometeica; ha habido que encontrarse ante el callejón sin salida y experimentar el límite de las fuerzas para exclamar: "¡Dios mío, ven en mi auxilio!" (Sal 69, 2).

Se ha tenido que sentir el hielo del vacío, palpar el desencanto de todo compañero, habitar en la soledad de uno mismo y consumir todas las expectativas evasivas para reconocer la propia debilidad y de dónde viene la auténtica ayuda: "El auxilio me viene del Señor" (Sal 120, 2).

En esas circunstancias, en las que uno siente su consistencia de barro y percibe la quiebra de la imagen pretenciosa e invulnerable, como narra la visión del rey Nabucodonosor de la estatua con cabeza de oro y pies de barro (Dan 2, 26-47), solo el recurso a la Palabra revelada presta confianza: "Desde lo más hondo de mí te invoco, Señor" (Sal 129, 1). "Tengo ronca la garganta de tanto gritar a mi Dios" (Sal 68, 4). "Señor, escucha mi voz, estén tus oídos atentos a la voz de mi súplica" (Sal 129, 2). "Si llevas cuenta de los delitos, Señor, ¿quién podrá resistir?" (Sal 129, 3) "Si el afligido invoca al Señor, Él lo escucha y lo libra de sus angustias" (Sal 33, 7).

El profeta asegura: "Si el malvado se convierte de los pecados cometidos y guarda mis preceptos, practica el derecho y la justicia, ciertamente vivirá y no morirá. ¿Acaso quiero yo la muerte del malvado, y no que se convierta de su conducta y que viva?" (Ez 18, 21.23). Jesús, conocedor de nuestra fragilidad, nos invita: "Venid a mí todos los que estáis cansados y agobiados, que yo os aliviaré" (Mt 11, 28).

La Palabra llega como bálsamo que cura y reconcilia, tan solo hay que darle fe y dejar que, como la brisa suave, el rumor del agua o el orvallo templado empape el corazón y lo reanime. Sé que es distinto decir que experimentar, y cuando se ve y se oye, se convierte uno en testigo. El mejor regalo es haber gozado el perdón.

En muchos textos de las Sagradas Escrituras se manifiesta el deseo de Dios de ofrecer misericordia. El Dios revelado no es un matón, ni es sádico; no es vengativo ni pendenciero. "El Señor es compasivo y misericordioso, lento a la ira y rico en clemencia" (Sal 102, 8). "El Señor es justo en todos sus caminos, es bondadoso en todas sus acciones" (Sal 144, 17). No podemos justificarnos en permanecer en el exilio, alejados de la entrañable misericordia de nuestro Dios, por imaginarlo severo, juez inmisericorde, o por creernos indignos del perdón.

CONFESAR LA MISERICORDIA DIVINA

No hay acto más explícito que manifieste la fe en Dios misericordioso que el de acercase a Él con humildad y verdad para abrirle nuestro corazón y suplicarle, arrepentidos, el perdón. El creyente cuenta con la mediación sacramental que ofrece Jesús en su Iglesia para dejarse perdonar. Reconocer la debilidad, sin flagelarse de manera compulsiva, es un acto de fe en Dios misericordioso, entrañable, pastor bueno. Él mismo se ha revelado en la plenitud del tiempo en su Hijo. "Porque tanto amó Dios al mundo, que entregó a su Unigénito, para que todo el que cree en él no perezca, sino que tenga vida eterna" (Jn 3, 16). "Dios es Amor" (1Jn 4, 8).

Confesar la fe en la misericordia de Dios humaniza, sensibiliza, hace al creyente más humilde, más dócil y abierto, más comprensivo y tolerante. En el credo se confiesa la fe en el perdón de los pecados, regalo que Jesucristo resucitado entregó a sus apóstoles al infundirles el Espíritu Santo: "Recibid el Espíritu Santo, a quien perdonéis los pecados les quedan perdonados" (Jn 20, 22-23). Reconocer las faltas y los pecados es la posibilidad histórica de celebrar la Pascua. Es la forma personal de experimentar la travesía del Mar Rojo, el paso del Río Jordán, el tránsito de la esclavitud a la libertad; de sentirse hijo y no siervo; amado de Dios y no vagabundo; abrazado por la ternura divina y no huérfano; sentado a la mesa del diálogo divino y no solitario, deprimido y ensimismado; capacitado para comenzar de nuevo y no arrastrar el peso de la historia malversada o clandestina; liberado del peso de la angustia y colmado de gozo y de esperanza, superada la infidelidad y en retorno al abrazo e intimidad del banquete de bodas.

Quien se abstiene de profesar la fe en la misericordia divina se trata injustamente, por el riesgo que corre de intentar valerse por sí mismo y de perecer en el agotamiento. Tiene el peligro de olvidar que es hijo, heredero de Dios y coheredero con Cristo; que está llamado a formar una sola cosa con Él; y todo ello, por emprender un camino autosuficiente, orgulloso, emancipado, que conduce a la extenuación, al fracaso, a la experiencia insoportable de uno mismo, sobrecargado de lo que no agrada, solitario, vagabundo, exiliado, huérfano de amor.

> "Sed misericordiosos como vuestro Padre es misericordioso; no juzguéis, y no seréis juzgados; no condenéis, y no seréis condenados; perdonad, y seréis perdonados; dad, y se os dará: os verterán una medida generosa, colmada, remecida, rebosante, pues con la medida con que midiereis se os medirá a vosotros" (Lc 6, 36-38).

En estos tiempos, no siempre se disfruta el regalo del Resucitado. A quienes aseguran que el sacramento del perdón está fuera de hora, quizá tenga que aplicárseles las mismas palabras de Jesús en la cruz: "Perdónalos porque no saben lo que hacen" (Lc 23,34), ni lo que dicen, porque nadie odia su propia carne y cerrarse al perdón es obstinarse en un dolor injusto, arrastrando el peso de la debilidad. La renuncia a lo que más afirma, libera y reconcilia es una torpeza, o una ceguera.

La experiencia más positiva y esperanzadora se nos concede gratuitamente en el perdón de Dios de todo lo oscuro de nuestra vida. Solo por cierta enajenación o inconsciencia cabe arriesgarse a sufrir desespero, por no acogerse al don de la misericordia. ¡Cuántas veces por esta causa se somatizan los sentimientos de culpa y brotan en forma de ansiedad, desequilibrio o angustia, que se intentan superar con diversas terapias, a veces tan costosas, cuando se tiene a mano el ofrecimiento gratuito del perdón!

Sentir en propia carne la misericordia viva del Señor Jesús, que llega a tu casa de la forma más íntima e histórica, como hizo con Zaqueo, y entra hasta lo más hondo de ti, es el mayor regalo que se puede desear. Y cuando está dentro de ti, por su capacidad de atravesar toda tu existencia, te deja absolutamente reconciliado.

Quien lo haya sentido en su vida sabrá que el perdón es el don precioso de Pascua, el mismo que Jesucristo quiso dejar a sus discípulos y a su Iglesia. Quizá depende del momento que vive la persona, de su sensibilidad, del estado psicológico, de la edad, del proceso de maduración espiritual en que cada uno esté, y sobre todo, de la fe y de poder valorar y gozar este ofrecimiento.

Un principio de sabiduría es dejarse perdonar y amar. De lo contrario, se escoge el camino del subjetivismo independiente en el que dominará la autojustificación permanente, el juicio inmisericorde para con los demás o la irascibilidad. Y todo parecerá injusto, cuando el primer injusto es uno para sí mismo. Jesús no ha dicho que el perdón esté circunscrito a una ocasión exclusiva. Él siempre está expectante, como el padre de la parábola, atento al retorno del hijo pródigo.

El perdón es regalo del Resucitado que restablece en nosotros la vida nueva. En este regalo de Jesucristo resucitado, con el que deja a sus discípulos el ministerio del perdón, se nos ofrece la oportunidad para renacer y restablecer la alianza de amor por nuestra parte.

QUIEN PERDONA SE CURA

Reinhard Tausch (6. Noviembre 1921 en Braunschweig; † 8. Agosto 2013 en Würzburg), en su experiencia profesional de psicólogo, llega a reconocer que, "cuando le preguntaba a alguien qué era lo que le había ayudado a salir a flote de alguna crisis grave de su vida, frecuentemente me decía por toda respuesta que perdonando había logrado sobreponerse a su amargura y a sus heridas psicológicas". Por la parábola del "Buen Samaritano", todas las heridas huelen a aceite de misericordia. Como exponente máximo de ternura, está la secuencia evangélica en la que Jesús resucitado fortalece la fe de sus discípulos y los arranca de su soledad, mostrándoles las huellas de los clavos en sus manos y en sus pies. Al incrédulo Tomás le invita a poner sus dedos en la llaga de su costado, y a todos los convierte en testigos de la reconciliación.

El gesto de Jesús, que muestra manos, pies y costado con las señales de su pasión, nos indica que ya no hay heridas irremediables o fatales. Él, que ha superado la muerte, también las tiene. Con esta luz de Pascua, a nuestras llagas, por profundas que sean, se les quita el mayor dramatismo; aunque nunca se nos cierren, no serán incompatibles con la experiencia extrañamente gozosa. Nos sentiremos solidarios con el Crucificado-Resucitado.

Hoy, muchos sectores de la sociedad padecen la herida de la soledad, pero ¿cómo se puede afirmar que se cura con otra herida? Dice el texto bíblico:

"Con sus heridas fuisteis curados" (1Pe 2, 24). En principio parece que nunca hay herida gratificante, ni llaga suave. Cuando se habla de sufrimiento, no es legítimo echar mano de los simbolismos, duele demasiado para andar con bellas palabras. Jesucristo muestra sus heridas, que no son pintadas, son las de alguien que ha muerto en la cruz; de ahí su realismo y su autoridad. Las palabras bondadosas y amables no quitan dramatismo al hecho de un ajusticiado en la cruz.

Si Jesús, resucitado, aparece en la mañana de Pascua mostrando las señales de su Pasión, significa que desea pertenecer al número de los vulnerables y de los débiles y hacerse su compañero de tú a tú en el camino de la existencia. El herido siente alivio en el gesto solidario, en la escucha atenta, en que se permanezca a su lado. Sabe lo que significa la llaga y el cuidado que se debe tener con ella para que no sangre y se vuelva irremediable o mortal.

Solo aquel que ha pasado por el mismo dolor y lo tiene aún vivo, puede compadecerse de otro que también lo sufre sin que parezca paternalismo ni palabra convencional, sino expresión entrañable y amorosa. Solo aquel que sabe lo que provoca un descuido en el trato con su herida se acercará a los que sufren por diversas llagas con exquisito respeto y cuidado, dando valor a la queja y al llanto, a la espera impaciente, al dolor y a la tristeza que produce la herida prolongada, hasta que, como mejor sanación, consiga reconciliar a cada uno con su suerte.

Si las heridas del Resucitado no se cerraron, la curación no consiste, entonces, en la desaparición de las huellas del sufrimiento, sino en que se conviertan en fuente de solidaridad, y en que seamos no heridos resentidos, sino heridos misericordiosos. El herido, de no ser perverso y morboso, evitará, por su sensibilidad, que otro sufra su misma dolencia. En lo que pueda, buscará consolar con la esperanza para no caer en un dolor mayor al sumarse los dolientes.

Los iniciados en el sufrimiento lo son porque han recibido y superado con paciencia la prueba. Pero Jesús aún llegó a más. Él se entregó voluntariamente para venir, después, a nuestro encuentro demostrándonos que se puede atravesar la negatividad de las llagas convirtiéndolas en lengua de iniciado, como canta el himno del Siervo: "El Señor Dios me ha dado una lengua de discípulo; para saber decir al abatido una palabra de aliento para animar al que yace en la prueba, título noble y glorioso" (Isa 50, 4).

La posibilidad de ofrecer las propias heridas como acompañamiento solidario tiene como condición que no estén infectadas, ni se hayan cerrado en falso, sino que sean heridas abiertas, limpias, llagas a la luz. La herida asumida, mostrada claramente, se convierte en mediación saludable. Se podría entender que a quien sufre alguna herida es mejor no recordársela, hacer como si no supiéramos que la tiene, prescindir de su dolencia. También el propio llagado podría creer que, para no herirse más, es mejor esconder, disimular sus puntos más débiles. Ambas actitudes se apartan de la que tuvo Jesús, cuando, resucitado, se adelantó a enseñar a sus amigos las huellas de su Pasión.

La prueba de la mayor amistad se da si se es capaz de compartir las heridas. Mientras no se penetra a través de los agujeros de las llagas en la riqueza de la otra persona, no se llega a compartir del todo lo que significa el amor más grande. Jesucristo es respuesta para todos los que soportan calladamente su herida. Él está dispuesto no sólo a acompañarnos, sino a hacer de nuestras llagas el mayor tesoro, al mostrarse Él mismo traspasado.

MEMORIA AGRADECIDA POR EL PERDÓN RECIBIDO

El agradecimiento por el perdón recibido y celebrado no es ejercicio literario, ni invento imaginativo. No es estética del lenguaje ni proyección del deseo. No es un sueño, ni una aventura novelada. Es el relato de salvación concreta, que lleva carne y sangre entre sus líneas. Pascua remecida. Es existencia labrada a fuego y hielo, al ábrego y al cierzo, que, gracias al perdón, conoce la brisa y el susurro, el viento sosegado del Espíritu.

¡Cómo vivir con miedo y con angustia, si se puede gustar la paz interior y el gozo que nadie puede arrebatar! Es la gracia que se concede a quien la pide humildemente, a quien se sobrepone a la falsa respuesta del resentimiento introvertido, a quien decide retornar a casa por el recuerdo de la bondad del pan de los hijos. Es la patria de los hijos de Dios, la identidad de la fraternidad divinizada, el estado colmado de gracia.

No hay latitud sin la presencia del Señor, ni intimidad donde no llegue su Palabra hasta la hondura y alcance más allá de los abismos. Es vivir de forma renovada la intimidad amorosa. Fluya del alma la alabanza, hecha reconocimiento agradecido por su misericordia reiterada en cada historia peregrina. ¡Cómo brota el manantial del corazón que gusta el abrazo de la bondad divina! ¡Cómo respira el alma ungida una vez más de perdonanza! ¡Cómo se serena la carne y se reconcilia el ser en la celebración histórica del sacramento!

No hay necesidad de permanecer esclavo, ni de sentir la tristeza de la lejanía, la ausencia del amigo o el exilio, si se toma por bordón la Palabra divina, que cumple su promesa de dar para cada día el pan suficiente, la gracia necesaria, el perdón constante, el brillo de la mirada reconciliada. No hay motivo para huir, justificándose en soledad pretenciosa, en anonimato clandestino, para entrar en la oscuridad sin salida del ensimismamiento doloroso. No es justo tratarse sin concederse alivio, sin el recurso a la mediación entrañable, misericordia abierta, fuente que sacia la sed.

Es tiempo de agradecer la misericordia, de celebrar la entrada en la Tierra de la Promesa, de reavivar la relación amiga. Por el perdón se pasa de la noche al día, de la opresión a la libertad, de la tristeza al gozo, de la huida a la entrega generosa, y se participa en la sabiduría agustiniana: "Feliz culpa". ¡Es tanto lo que se ensancha el corazón, que surge el cántico de María! El perdón unge, serena, suaviza, estremece, dicta al alma la música secreta, que se une al cántico de los que regresan del exilio, de quienes experimentan que es posible llorar de alegría porque las lágrimas de la siembra amarga se han convertido en cánticos de fiesta (Sal 125).

DÉJATE PERDONAR

Déjate perdonar por Dios. Que no te secuestre la vergüenza de confesar tu pobreza y tu debilidad. Da un salto y ponte en pie, como el ciego, sin importarte el manto de tu desvalimiento, de tu ceguera crónica. Abandona el manto. Hay mociones que se deben obedecer al instante; de lo contrario, te asaltará la tentación de permanecer caído, marginal, despreciándote a ti mismo por creerte sin remedio.

Hay una palabra eficaz, la palabra que Jesús dijo al paralítico en Cafarnaúm: "Perdonados te son tus pecados". Hay un regalo del Resucitado a los apóstoles: "Recibid el Espíritu Santo; a quienes les perdonéis los pecados les quedan perdonados". No hagas inútil la ofrenda de Jesús, que murió por ti, para perdón de tus pecados. No te enfeudes en tu yo herido, pensando que es más honesto permanecer caído que levantarse, pues has tropezado muchas veces en tu vida.

Una actitud orgullosa, con capa de humildad, es la del autodesprecio, postura aparentemente humilde, que expresa el orgullo herido. Se describe con crudeza la alevosía en la caída, por la que no cabe pensar en el atenuante de falta de advertencia. Pero todo ello lo sugiere el mal espíritu, para que uno no se abra al perdón y permanezca en un estado marginal, apartado de la misericordia. Se llega a tal consideración negativa acerca de uno mismo, que parece un fraude el saberse perdonado, rehabilitado, introducido en la comunidad, en la familia de los hijos de Dios.

El Evangelio propone la reacción de Mateo, quien "al instante se levantó" y se convirtió en anfitrión de Jesús. Y Zaqueo "enseguida bajó de la higuera" y hospedó al Señor. La reacción adecuada es dejar que aflore la imagen de Dios que se lleva dentro de uno mismo. El ser humano ha sido creado por Dios, y gracias a Jesucristo, somos hijos amados de Dios.

EL GOZO DEL PERDÓN

Bendice a Dios, como el leproso samaritano, al sentirse curado; ponte en pie, como el ciego de Jericó, a quien le comunicaron la llamada de Jesús. Sube saltando al templo, como el paralítico curado por Pedro y Juan, en la Puerta Hermosa de Jerusalén. No te detengas en tus complejos de inferioridad, y como Zaqueo, a quien no le importó su corta estatura, acoge al Maestro.

¡Cómo decirte la agilidad que se experimenta cuando eres descargado del peso de la negatividad! ¡Cómo transmitirte la anchura interior que se siente cuando a pesar de que sigues siendo débil, puedes recordar que todo ha quedado entregado en las manos de la misericordia divina!

> "« Mujer, ¿dónde están tus acusadores?; ¿ninguno te ha condenado? ». Ella contestó: « Ninguno, Señor ». Jesús dijo: « Tampoco yo te condeno. Anda, y en adelante no peques más »" (Jn 8, 10-11).

Cuestiones

- ¿Te reconoces necesitado de perdón?
- ¿Celebras el sacramento de la reconciliación?
- ¿Agradeces a Jesucristo el don de habernos dejado el regalo del perdón sacramental?

LEVANTADOS

"Habla mi amado y me dice: «Levántate, amada mía, hermosa mía y vente». Mira, el invierno ya ha pasado, las lluvias cesaron, se han ido. Brotan las flores en el campo, llega la estación de la poda, el arrullo de la tórtola se oye en nuestra tierra. En la higuera despuntan las yemas, las viñas en flor exhalan su perfume. «Levántate, amada mía, hermosa mía, y vente»" (Cant 2, 10-13).

"¡Levantaos, no temáis!"
(Mt 17, 7)

"A ti te mando: despierta, tú que duermes, pues no te creé para que permanezcas cautivo en el abismo; levántate de entre los muertos, pues yo soy la vida de los muertos. Levántate, obra de mis manos; levántate, imagen mía, creado a mi semejanza. Levántate, salgamos de aquí, porque tú en mí, y yo en ti, formamos una sola e indivisible persona. Levántate, salgamos de aquí. El enemigo te sacó del paraíso; yo te coloco no ya en el paraíso, sino en el trono celeste. Te prohibí que comieras del árbol de la vida, que no era sino imagen del verdadero árbol; yo soy el verdadero árbol, yo, que soy la vida y que estoy unido a ti. Coloqué un querubín que fielmente te vigilara; ahora te concedo que el querubín, reconociendo tu dignidad, te sirva" (Homilía Antigua sobre el grande y santo Sábado; Oficio de lecturas del Sábado Santo).

INTRODUCCIÓN

El lema del "Día del Seminario" de 2023 fue: "Levántate y ponte en camino". La Jornada Mundial de Oración por las Vocaciones escogió como lema para 2023: "Ponte en camino". "La expresión «Levántate», refleja que la historia de la salvación es «una permanente insistencia por parte de Dios en levantar al hombre que, una y otra vez, cae y se aparta del proyecto de vida que Dios le ofrece»" (Hoja de la Iglesia de Mondoñedo el Ferrol). Así lo describe la parábola del "Hijo pródigo", cuando el hijo menor se decide a volver a casa, y el padre lo sostiene con su abrazo, sin dejarle postrarse en tierra. "Cuando todavía estaba lejos, su padre lo vio y se le conmovieron las entrañas; y, echando a correr, se le echó al cuello y lo cubrió de besos" (Lc 15, 20).

El cardenal Tolentino explica: "Las acciones de Jesús deben leerse en clave teológica, incluso las que parecen secundarias en la narración evangélica, como entrar y salir, acercarse o alejarse, levantarse o sentarse" (J. Tolentino, *Elogio de la sed*, Sal Terrae, 2018, 22). Jesús Girón afirma en su tesis doctoral: "Los adverbios «arriba», «abajo», «delante», «detrás», y los verbos «subir», «bajar», «ir», «venir», y tantos otros términos, muestran que el evangelista utiliza categorías espaciales para expresar una realidad que trasciende el espacio" (J. Girón, *El adverbio "dónde", en el Cuarto Evangelio*, 65), enseñanzas que iluminan teológicamente las acciones del Maestro, en concreto la de levantarse de la mesa para lavar los pies y de volver a sentarse.

Cuando se desea conocer el sentido que da la Biblia a un término o a una imagen, ayuda tener en cuenta los pasajes donde figuran términos o imágenes semejantes. En nuestro caso, si deseamos averiguar y contemplar el significado del verbo "levantar", o en su forma reflexiva "levantarse", los textos sagrados concurrentes nos permiten comprender más y mejor el sentido teológico y su posible aplicación sapiencial personal. En el texto original griego del Nuevo Testamento, se encuentran dos verbos de significados muy similares, ἁνιστημι (anístemi) y ἐγειρω (egueiro), aunque tienen matices diferentes; en griego profano.

Ambos verbos significan originariamente levantar, erigir, despertar o hacer levantarse a personas que están echadas o duermen. En la Biblia los encontramos en pasajes con un significado renovador trascendente y de manera especial en los relatos de Pascua, en pasajes en los que las personas, algunas conversas, quedan rehabilitadas y dispuestas a servir. Sin duda, ambos verbos son muy significativos en las Sagradas Escrituras.

A LA LUZ DE LA PASCUA

Según el Cuarto Evangelio, Jesús, en la celebración de la Última Cena, se levantó de la mesa. En el lavatorio de los pies el Maestro escenifica varias acciones que contienen un significado teológico:

> "Se levanta de la cena, se quita el manto y, tomando una toalla, se la ciñe; luego echa agua en la jofaina y se pone a lavarles los pies a los discípulos, secándoselos con la toalla que se había ceñido" (Jn 13, 4-5).

Cada una de las acciones guarda estrecha correspondencia con la forma en la que los israelitas cenaron en la noche de la salida de Egipto: "La cintura ceñida, las sandalias en los pies, un bastón en la mano; y os lo comeréis a toda prisa, porque es la Pascua, el Paso del Señor" (Ex 12, 11). Estos gestos de Jesús no pueden interpretarse solo como movimientos físicos. Si todo el Evangelio se debe leer desde el acontecimiento pascual, la acción de levantarse adquiere especial resonancia y significado al encontrarla también en los relatos de la Resurrección de Jesús y sobre todo, desde la mañana de Pascua.

Al fijarnos en la acción con la que comienza el Triduo Pascual –el Maestro que "se levanta de la cena" (Jn 13, 4)–, y en el relato de la mañana de Resurrección, en el que aparecen las mujeres recibiendo el mensaje del sepulcro vacío porque Cristo se ha levantado, interpretamos que la acción de Jesús en la cena tiene sentido pascual. La narración de la Pasión comienza en un huerto-jardín (Jn 18, 1) y termina en un jardín-huerto (Jn 19,41).

Con esta observación cabe vislumbrar el sentido teológico, por el que la Pasión adquiere un significado de nueva creación. Por estas concurrencias, que abarcan todo el relato de la Pasión y la celebración del Triduo Pascual, intuyo que tanto la Pasión del Señor como el Triduo Pascual se han de interpretar a la luz de la Pascua y en concreto desde la acción de levantarse.

Y resuena el apotegma evangélico: "El que se humilla será ensalzado" (Lc 14, 11), y el salmo: "En su camino beberá del torrente, por eso levantará la cabeza" (Sal 109, 6).

ERGUIDOS

Una traducción posible de los verbos citados es erguirse. Una persona de pie significa fortaleza, aunque cabe que sea una postura ostentosa, tal como describe Jesús en la parábola del fariseo y el publicano:

> "El fariseo, erguido, oraba así en su interior:
> «¡Oh Dios!, te doy gracias porque no soy
> como los demás hombres: ladrones, injustos,
> adúlteros; ni tampoco como ese publicano».
> El publicano, en cambio, quedándose atrás,
> no se atrevía ni a levantar los ojos al cielo, sino
> que se golpeaba el pecho, diciendo: «¡Oh
> Dios!, ten compasión de este pecador»"
> (Lc 18, 11-13).

Lo contrario a ponerse en pie es permanecer tumbado, yacer en el suelo, imagen del ser humano destruido, sin esperanza, como quiere simbolizar la descripción evangélica de las personas paralíticas, postradas en su lecho, incapaces de moverse sin ayuda, marginados.

Ponerse en pie puede ser por respeto ante Dios, según señala la Biblia: "Hijo de hombre, ponte en pie, que voy a hablarte" (Ez 2, 1), o ante las personas mayores: "Ponte en pie ante las canas y honra el rostro del anciano" (Lev 19, 32). Esta postura es un gesto de consideración ante la presencia o la llegada de una persona respetable. Con la invitación a "levantarse", quizá acude a la memoria el hecho de interrumpir el tiempo de descanso e incorporarse para comenzar las tareas. El salmista ofrece la mejor razón para levantarse: "Oh Dios, tú eres mi Dios, por ti madrugo" (Sal 62).

La acción de erguirse también se puede interpretar como anticipo pascual. Así sucede en el pasaje evangélico cuando los discípulos, asustados por la tormenta, despertaron al Maestro.

> "Se levantó una fuerte tempestad y las olas rompían contra la barca hasta casi llenarla de agua. Él estaba en la popa, dormido sobre un cabezal. Lo despertaron, diciéndole: «Maestro, ¿no te importa que perezcamos?». Se puso en pie, increpó al viento y dijo al mar: «¡Silencio, enmudece!». El viento cesó y vino una gran calma" (Mc 4, 35-39).

Algunas personas ven en este texto los movimientos anticipados de Pascua: el Maestro estaba dormido, se despierta, se pone en pie y calma la tempestad.

No pretendo ofrecer una terapia psicológica ante la tentación de la pereza o para los momentos de sentir la mordedura del fracaso en el combate contra el mal y permanecer caído. La Sagrada Escritura ayuda a superar la tentación de quedarse hundido e invita a levantarse. El papa Francisco recomienda, glosando una canción montañera:

> "En el arte de ascender, lo importante no es no caer, sino no permanecer caído. No tengan miedo de los fracasos. En el arte de caminar, lo importante no es caer, sino levantarse enseguida y seguir adelante" (Papa Francisco).

San Francisco de Asís se decía cada día: "Hoy comienzo".

REHABILITADOS

En varios pasajes relacionados con curaciones aparece la acción de levantarse. Es significativo el proceso que tiene lugar con el paralítico de Cafarnaúm, quien recibe primero el perdón de los pecados, don del Resucitado a los discípulos, y después recupera la movilidad y se incorpora a la vida doméstica: "Te digo: levántate, coge tu camilla y vete a tu casa" (Mc 2, 12; 9, 27).

En el caso del ciego de Jericó, la reacción de dar un salto y de levantarse ante la llamada del Nazareno: "Ánimo, levántate, que te llama", y el ciego soltó el manto, dio un salto y se acercó a Jesús, y después de ser curado, se convierte en modelo de discípulo:. La escena termina: "Jesús le dijo: «Anda, tu fe te ha salvado». Y al momento recobró la vista y lo seguía por el camino" (Mc 10, 49-50. 52), opción ejemplar de ir detrás de Jesús a donde Él va, que es a Jerusalén para dar la vida.

En el relato del paralítico de la piscina de Betesda, una vez curado, recibe la orden de ponerse en marcha: "Jesús le dice: «Levántate, toma tu camilla y echa a andar»" (Jn 5, 6). En el caso de la niña muerta que Él ha resucitado, el Maestro manda a los padres que le den de comer. "Talitha qumi (que significa: «Contigo hablo, niña, levántate»). La niña se levantó inmediatamente" (Mc 5, 41-42). Los beneficiarios de la acción de Jesús no se quedan absortos en el bien recibido, sino que tienen o deben tener la reacción de incorporarse a la vida doméstica, como puede interpretarse el movimiento de volver a casa, de echar a andar, de dar de comer... En este sentido aún es más explícito el pasaje de los Hechos de los Apóstoles cuando Pedro, en su visita pastoral a Jope, dice al paralítico Eneas: "«Eneas, Jesucristo te da la salud; levántate y arregla tu lecho». Se levantó inmediatamente" (Act 9, 34).

Un pasaje que estimula a quienes caen en la melancolía es el de los discípulos de Emaús. Una vez que han reconocido al Señor resucitado, "levantándose en aquel momento, se volvieron a Jerusalén, donde encontraron reunidos a los Once con sus compañeros, que estaban diciendo: «Era verdad, ha resucitado el Señor y se ha aparecido a Simón»" (Lc

24, 33-34). Si les ha costado una jornada recorrer la distancia entre Jerusalén y Emaús, sorprende que se decidan volver, ya de noche, a Jerusalén. En este detalle se puede observar la transformación que se produce en las personas que se relacionan con Jesús, y quedan impactadas por su palabra. Los dos discípulos recuperan la fuerza y la vitalidad de los testigos de la resurrección y se incorporan a la vida en comunidad.

En todos estos ejemplos aparece la acción de levantarse relacionada con quienes, postrados por diferentes razones, se incorporan a la tarea cotidiana, como efecto de la palabra de Jesús. En este sentido, levantarse significa quedar rehabilitado, sanado y perdonado por la gracia y por la visión creyente. Con estos ejemplos, cabe personalizar la invitación de Jesús: "Levántate, y echa a andar". "Levántate y ponte en camino" (Act 10, 20; 22, 21). "Levántate y haz la cama". No pactes con la inercia, ni pierdas la sensibilidad, que hace habitable el lugar donde vives. Levántate y vuelve a la comunidad. Tomás Halík afirma: "La verdad que deja de ser el camino está muerta" (*La tarde del cristianismo,* 51).

SERVIDORES

Al rastrear la presencia de los verbos sinónimos ἀνιστημι (anístemi), y ἐγειρω (egueiro), encontramos pasajes en los que se describen escenas muy significativas, relacionadas con el servicio. María, la madre de Jesús, la Nazarena, después de recibir el anuncio del Ángel, reacciona de forma sorprendente levantándose y subiendo deprisa a la montaña (Lc 1, 39). Cabría pensar que, al igual que Zacarías exigió una señal para creer en las palabras del arcángel san Gabriel.

María sube para comprobar la señal que le ha comunicado el ángel, el embarazo de su prima Isabel. Mas, si fuera esta la razón de subir a la montaña, una vez comprobado el estado de gestación de Isabel, María habría vuelto a Nazaret, segura de lo que el ángel le había anunciado. Pero ella creyó en las palabras de Gabriel y se quedó para ayudar a Isabel unos tres meses, tiempo semejante al que permaneció el Arca de la Alianza en casa de Obededón, el vecino del rey David. Por este detalle, se puede ver en María la nueva arca de la alianza.

Además, si el evangelista san Lucas escoge el mismo verbo que se encuentra en los pasajes pascuales para narrar la acción de la Virgen, que se levanta y sube deprisa a la montaña, en esta descripción se puede interpretar que en María se adelanta y prefigura el movimiento del discípulo, que no es otro que el de seguir detrás de Jesús hasta el monte de la Cruz y compartir su mismo triunfo, entregando la vida por amor. Así aparece en el momento en el que Jesús se dispone a subir a Jerusalén:

> "El que quiera ser grande entre vosotros, que sea vuestro servidor; y el que quiera ser primero, sea esclavo de todos. Porque el Hijo del hombre no ha venido a ser servido, sino a servir y dar su vida en rescate por muchos" (Mc 10, 43-45).

Si María tuvo la sorprendente reacción de levantarse, según el evangelista san Mateo, su esposo, san José, obedeció el mensaje del ángel que había recibido en sueños y también se levantó y bajó a Egipto. El evangelista escoge el verbo ἐγειρω (egueiro) para describir la acción del esposo de María (Mat 2,14), acción que se repite en el retorno de la Sagrada Familia a Nazaret.

Si en el hecho de levantarse de María puede verse la imagen del discipulado fiel, que sube detrás del Maestro a lo alto del monte, en actitud solidaria de servicio, en san José se puede contemplar al pueblo de Israel, que emigra al exilio y pasado un tiempo, retorna a la tierra de la promesa conducido por la mano del Señor, para vivir en la libertad de los hijos de Dios. Ambos viajes fueron un servicio comprometido para salvar a Jesús, junto con su madre, del peligro mortal.

Una referencia sorprendente en la búsqueda de la acción de levantarse, relacionada con el servicio, la encontramos en el Evangelio en el relato de la curación de la suegra de Simón Pedro: "Estaba en cama con fiebre, e inmediatamente le hablaron de ella. Él se acercó, la cogió de la mano y la levantó. Se le pasó la fiebre y se puso a servirles" (Mc 1, 30-31; Mt 8, 15). Son los mismos gestos de Jesús en la Última Cena. En los Hechos de los Apóstoles se narra la escena en la que Pedro le dijo al paralítico:

> "«No tengo plata ni oro, pero te doy lo que tengo: en nombre de Jesucristo Nazareno, levántate y anda». Y agarrándolo de la

> mano derecha lo incorporó. Al instante se le fortalecieron los pies y los tobillos, se puso en pie de un salto, echó a andar y entró con ellos en el templo por su pie, dando brincos y alabando a Dios" (Act 3, 6-8).

Aplicando estos textos a nuestra vida, recibimos la invitación sagrada de levantarnos para ser solidarios y agradecidos: "Levántate y ponte a servir". Levántate y bendice a Dios por su misericordia. Levántate, adereza tu lámpara, que el Señor te llama a entrar en el banquete de bodas.

CONVERTIDOS

En algunos pasajes evangélicos, los verbos citados se emplean para describir la conversión y hasta la resurrección (Jn 11, 29; Lc 4, 16; Mc 9, 27; Lc 8, 55; Mc 2, 12). La expresión "se levantó" o "levántate", implica una novedad de vida. El hijo pródigo toma la determinación:

> "Me levantaré, me pondré en camino adonde está mi padre, y le diré: «Padre, he pecado contra el cielo y contra ti; ya no merezco llamarme hijo tuyo: trátame como a uno de tus jornaleros». Se levantó y vino adonde estaba su padre" (Lc 15, 18-20).

Parábola emblemática que revela la misericordia divina y la conversión humana. Siempre es posible retornar. No cabe argüir la distancia y alejamiento, el exilio culpable, si Dios se ha revelado entrañablemente en Jesús.

El apóstol Pablo narra su experiencia camino de Damasco: De pronto le sorprenden la luz y la voz:

> "«Saúl, Saúl, ¿por qué me persigues?".
> Yo respondí: «¿Quién eres, Señor?».
> Y él a mí: «Yo soy Jesús Nazareno,
> a quien tú persigues». Los que estaban
> vieron la luz, pero no oyeron la voz del
> que me hablaba. Yo dije: «¿Qué he
> de hacer, Señor?». Y el Señor me respondió:
> «Levántate», y vete a Damasco; allí
> se te dirá todo lo que está establecido
> que hagas" (Act 22, 7-10).

Se constata la reiteración del verbo levantarse, en este caso como obediencia a la indicación de Jesús y comienzo de la gran conversión del apóstol de los gentiles: "Levántate, y ponte en pie; pues me he aparecido a ti para constituirte servidor y testigo" (Act 26, 15-16).

En muchos casos, la expresión "levántate" es una llamada a superar una caída de orden moral. Sin embargo, a la hora de levantarse, así como la pereza hace chantaje y corroe la voluntad, ante la reiteración un tanto crónica de una quiebra moral, asalta el argumento justificativo: "¿Para qué, si voy a volver a caer?". Pensamiento destructivo y paralizante, que sumerge a quien le da paso en una situación indigente, marginal, como a quien yace menesteroso al borde del camino. Al dejar entrar ese pensamiento negativo y escéptico, se corre el riesgo de pactar con la debilidad en un entreguismo despersonalizador.

Aunque sea comprensible la reacción de permanecer caído por distintas razones sociales, culturales o familiares, desde un proceso de maduración psicológica y espiritual, ante la reiteración del tropiezo, no cabe legitimar la caída crónica, ni reaccionar de manera desesperanzada. Si uno no se levanta de la caída, sufrirá la quiebra de la estabilidad del ánimo y la pérdida de la serenidad personal. Cuando se permanece caído, por más que haya atenuantes, se es víctima de la reiteración de lo que más daña. Es posible que haga falta la ayuda de una persona amiga, pero la solución, sin duda, no es echarse al barranco.

Ceder en el combate para alcanzar la virtud; perder el ánimo en la lucha por sufrir derrotas continuas; culparse compulsivamente por reacción del orgullo herido; llegar al autodesprecio en apariencia de humildad; dejar entrar el pensamiento despectivo, que califica de perverso, de cínico y hasta de hipócrita a quien intenta levantarse y desea permanecer en pie a pesar de la caída, es como sufrir carcoma espiritual. Enfermedad que mina la estabilidad del ánimo y conduce a la depresión y cabe que hasta a la desesperanza.

Actualmente, muchas personas ceden en su lucha contra el mal y sucumben víctimas de sí mismas, por convivir con lo que desangra; otras recurren a técnicas de autoayuda en un afán noble y natural por superar las malas tendencias; algunas prefieren la evasión, que deriva en huida e inconsciencia y a veces en consumos nocivos, no solo para la salud, sino también para la economía personal y familiar. Lo adecuado es levantarse, si es necesario siete veces al día, como señala la Escritura: "Siete veces cae el justo, pero se levanta, mientras los malos se hunden en la desgracia" (Prov24, 16). Levántate y ponte en pie, porque te he escogido para que seas testigo de mi misericordia.

TESTIGOS

Llegamos a la cima de nuestra reflexión. Levantarse desde la luz pascual es profecía, adelanto del destino glorioso que a todos nos espera. María de Betania, ante el anuncio de la presencia de Jesús, "apenas lo oyó, se levantó y salió adonde estaba Él" (Jn 11, 29-30). La escena está enmarcada en el pasaje en el que Jesús va a devolver la vida a su amigo Lázaro, hermano de Marta y de María. En el encuentro del Nazareno con las hermanas salta la conversación:

> "Jesús le dijo: «Tu hermano resucitará». Marta respondió: «Sé que resucitará en la resurrección en el último día». Jesús le dijo: «Yo soy la resurrección y la vida: el que cree en mí, aunque haya muerto, vivirá; y el que está vivo y cree en mí, no morirá para siempre. ¿Crees esto?». Ella le contestó: «Sí, Señor: yo creo que tú eres el Cristo, el Hijo de Dios, el que tenía que venir al mundo»" (Jn 11, 23-27).

Jesús tiene poder para resucitar, porque Él es la resurrección y la vida. Él es el Resucitado.

Cuando en la mañana de Pascua el discípulo Pedro recibe de las mujeres el aviso de la resurrección de Jesús, se levantó y corrió al sepulcro (Lc 24, 12). En ese movimiento encontramos la resonancia no solo de quien corre, sino de quien corre y va camino del Resucitado. San Lucas emplea el mismo verbo con el que se anuncia la resurrección de Cristo. Interpreto que con ello vemos anticipada en quien es cabeza entre los apóstoles, su ulterior y definitiva conversión, por dar fe al acontecimiento de Jesucristo resucitado. El Cuarto Evangelio narra la escena de manera más extensa:

> "Salieron Pedro y el otro discípulo camino del sepulcro. Los dos corrían juntos, pero el otro discípulo corría más que Pedro; se adelantó y llegó primero al sepulcro; e, inclinándose, vio los lienzos tendidos; pero no entró. Llegó también Simón Pedro detrás de él y entró en el sepulcro: vio los lienzos tendidos y el sudario con que le habían cubierto la cabeza, no con los lienzos, sino enrollado en un sitio aparte. Entonces entró también el otro discípulo, el que había llegado primero al sepulcro; vio y creyó" (Jn 20, 3-8).

Esta es nuestra fe, creer en Jesús que vive y nos acompaña.

LEVANTAOS

Hasta ahora todas las acciones que hemos visto aludían a casos particulares. Sin duda, la opción de levantarse es una determinación personal, pero puede interpretarse en unos casos como movimiento un tanto heroico y personalista, y en otros, como invitación que supera nuestra capacidad.

Al observar los textos en los que se alude a la acción de levantarse, encontramos dos escenas muy reveladoras en las que no solo se ofrece el ejercicio de ponerse en pie de manera individual, sino que son pasajes en los que Jesús, dirigiéndose a los más íntimos, los despierta para emprender juntos la etapa definitiva. Así lo presentan los evangelios en la Transfiguración. Al final de la experiencia luminosa, en la que se habla de la próxima Pasión y Resurrección, al ver aturdidos a los discípulos Pedro, Santiago y Juan, Jesús les dice: "Levantaos, no temáis" (Mt 17, 7). Son palabras semejantes a las que en la noche de Getsemaní reitera a los mismos discípulos: "Mirad, está cerca la hora y el Hijo del hombre va a ser entregado en manos de los pecadores. ¡Levantaos, vamos! Ya está cerca el que me entrega" (Mt 26, 45-46; Mc 14, 42).

No hay tregua, no cabe refugiarse en el sueño ni en el aturdimiento, el Señor se entrega y nos invita a acompañarlo. No es sádico, la expresión de Getsemaní es la misma que la del monte de la Transfiguración. El Maestro les había instruido a los discípulos: "El que quiera ganar su vida, que la pierda". Y en otro pasaje anuncia: "Entonces verán al Hijo del hombre venir en una nube, con gran poder y gloria. Cuando empiece a suceder esto, levantaos, alzad la cabeza; se acerca vuestra liberación" (Lc 21, 27-28). Mientras tanto, Jesús nos deja una consigna: "Levantaos y orad, para no caer en tentación" (Lc 22, 46).

CONCLUSIÓN

Según los evangelistas, el Nazareno, se presenta de pie, como anticipo del hecho trasformador de toda la historia. Así aparece en la sinagoga, delante de los suyos: Jesús se levanta (Lc 4, 16). En la barca, se describe a Jesús dormido, que se levanta (Mt 8, 26); el evangelista san Marcos, a la hora de describir una jornada de Jesús, lo hace con un paralelismo casi exacto con la mañana de Pascua: "Jesús se levantó y se fue a un lugar solitario cuando aún era de noche" (Mc 1, 35), anticipando ya, al principio del Evangelio, lo que sucederá al final.

> "Muy temprano, el primer día de la semana,
> al salir el sol, fueron al sepulcro. Al mirar,
> vieron que la piedra estaba corrida y eso
> que era muy grande. Entraron en el sepulcro
> y vieron a un joven sentado a la derecha,
> vestido de blanco. Y quedaron aterradas.
> Él les dijo: « No tengáis miedo. ¿Buscáis a Jesús
> el Nazareno, el crucificado? Ha resucitado.
> No está aquí" (Mc 16, 2-6).

Hemos reparado en los distintos personajes que, al paso de Jesús, se levantan como efecto de una experiencia teologal. El cristiano no solo debe levantarse como remedio para no quedar postrado, sino como testigo de quien cree en la resurrección de Jesucristo, razón de la fe.

Aunque el día a día tenga sus caídas, si se aplica la invitación del Maestro, según los referentes citados, cada vez que uno se levanta, se convierte en testigo de la Pascua y adelanta la razón de seguir siendo peregrino.

Los creyentes deberíamos ser personas erguidas, levantadas, en camino, servidores, convertidas, andando detrás de Jesús con prontitud, como testigos de Cristo resucitado. "A ti te lo digo: Levántate, echa a andar, vuelve a tu casa". Levántate para servir, hazlo como quien empieza de nuevo, atrévete a levantarte siempre y a ser testigo de la novedad de vida que cabe gustar desde la contemplación de Cristo levantado para lavar los pies, anticipando su resurrección. Pero no vamos solos: "Levantaos, vamos". Vamos con el Maestro, Él nos precede. Santa Teresa de Jesús dirá a sus monjas: "Con tan buen amigo presente, con tan buen capitán que se puso en lo primero en el padecer, todo se puede sufrir: es ayuda y da esfuerzo" (Vida 22, 6).

Salmo en tiempo de levantada

No quisiera justificar el tropiezo,
ni la caída reincidente que me deja hundido
en la cuneta por creerme incurable.

Sé que es mejor romper la inercia
que mantiene marginal al borde del camino,
y levantarse confiado en tu Palabra.

Es hora de creer en tu poder, Señor,
de superar el argumento falso
de permanecer postrado por si reitero la caída.
Quiero, como el ciego, dar un salto,
correr como la cierva al manantial,
levantarme sin mirar atrás.

Solo Tú tienes poder de convencerme
de que es sincero levantarse cada vez,
a pesar de la torpeza repetida.

Es tiempo de afrontar la remontada,
de no arredrarse por sentirse débil.
Mas solo Tú eres capaz de sostenerme.

Quiero obedecer a tu Palabra,
que me invita sin rodeos a seguirte,
a caminar una vez más tras de tus pasos.

(Ángel Moreno, de Buenafuente,
Salmos para tiempos recios, PPC, 2022)

Salmo en tiempos menesterosos

Señor, si mi dolencia exige postración
y estoy en camilla por mi debilidad,
¿por qué me dices "levántate,
toma tu camilla y vete a tu casa"?

Si la alegría de verme de pie,
gracias a tu perdón, me libera de la camilla,
¿por qué me mandas llevarla a cuestas?
¿Acaso, Señor, deseas que no pierda
la memoria de mi debilidad?
¿Será la camilla imagen de tu cruz
y cuando nos invitas a ir detrás de ti con nuestras cruces,
quieres decirnos que te sigamos
con el peso de nuestra fragilidad?

La camilla es dependencia y trofeo,
como tu Cruz es muerte y vida.
La fragilidad asumida,
¿será la camilla que deberé llevar, mi cruz?

Quisiera seguirte ágil, valiente, decidido,
un tanto invulnerable,
y parece que tu prefieres que tus discípulos
estén señalados con el sello de la fragilidad,
y necesitados siempre de tu misericordia.
No pases de largo, Señor,
y aunque tropiece y caiga herido en el suelo,
no dejes de pronunciar tu palabra restauradora:
"Levántate", aunque tenga que pasar la vergüenza
de ser uno de los curados,
en vez de ser uno de los valientes.

(Ángel Moreno, de Buenafuente,
Salmos para tiempos recios, PPC, 2022)

Cuestiones

- ¿Iluminas tus circunstancias con la Palabra de Dios?
- ¿Te justificas en el ambiente y circunstancias eclesiales para permanecer desafectado en tu misión?
- ¿Cómo resuena en ti la invitación, incluso orden del Maestro: "Levántate"?
- ¿Reconoces que el móvil de tu trabajo es el Señor? ¿O lo es el empeño?

AMADOS

"Estaban subiendo por el camino hacia Jerusalén.
Y llegan a Jericó"
"Mirad, estamos subiendo a Jerusalén,
y el Hijo del hombre va a ser entregado
a los sumos sacerdotes
y a los escribas;
lo condenarán a muerte
y lo entregarán a los gentiles,
se burlarán de él,
le escupirán,
lo azotarán y lo matarán;
y a los tres días resucitará"
(Mc 10, 32. 46).

INTRODUCCIÓN

En la subida de Jesús a Jerusalén, no es indiferente el punto de partida desde el que el Nazareno emprende su último ascenso para llegar a la ciudad santa. Este camino se propone y describe como símbolo e imagen del pueblo de Dios y de toda la humanidad en éxodo, que es objeto del amor divino y asciende a la ciudad santa como meta de su camino existencial.

Observemos que Jericó es el punto de partida. La topografía de la escena nos presenta como inicio de la marcha la ciudad más baja del mundo y como meta, Jerusalén, y en ella, el Monte Calvario. Si traemos a la memoria acontecimientos ubicados en el lugar más bajo y en el monte alto, en ambos resuena la declaración más solemne de Dios dirigida a Jesús y que se escucha en los evangelios: "Este es mi Hijo, el amado" (Mt 3, 17; 17, 5).

Los evangelios sinópticos se hacen eco del bautismo de Jesús, que acontece en las inmediaciones de Jericó, la ciudad más baja del mundo, a 400 metros bajo el nivel del mar, y de cómo al salir Jesús del agua, del cauce del río Jordán, se oyó una voz "Tú eres mi Hijo amado, en ti me complazco" (Mc 1, 11). El mismo evangelista describe más adelante la Transfiguración:

> "Jesús toma consigo a Pedro, a Santiago y a Juan, sube aparte con ellos solos a un monte alto, y se transfiguró delante de ellos. Se

> formó una nube que los cubrió y salió una voz de la nube: «Este es mi Hijo, el amado; escuchadlo»" (Mc 9, 2. 7).

No es indiferente encontrar la misma expresión en la depresión del río Jordán y en la cumbre del monte alto. Desde esta concurrencia, interpreto que toda la vida de Jesús estuvo abrazada por el amor de su Padre, ya anduviera por una u otra altitud. Esta es la experiencia fundante de Jesucristo, saberse amado de Dios, su Padre, y el secreto por el que emprende decidido el camino a Jerusalén. Creo que por esta experiencia íntima, en el momento más duro de su vida, en Getsemaní, Jesús habla a su Padre de forma tan familiar: "Abbá" (Mc 14, 36). A su vez, en la Cruz, antes de morir, se le oye decir: "Padre, a tus manos encomiendo mi espíritu" (Lc 23, 46).

Cuando se ha tenido una experiencia fuerte, normalmente se queda grabada en la memoria, y siempre que acontezcan circunstancias semejantes, se aviva el recuerdo del acontecimiento. De este modo, es fácil imaginar que, a su paso por Jericó camino de Jerusalén, donde va a ser levantado en alto, Jesús recordaría vivamente las palabras de su Padre: "Este es mi Hijo, el amado". Teniendo en cuenta esta experiencia, traduzco el pasaje de la última subida del Nazareno a la ciudad santa de Jerusalén: no sube como francotirador, ni como aguerrido valiente; no se complace en el dolor ni es inconsciente, sino que se sabe amado por Dios, y se fía de Él, abraza su voluntad:

> "«Ahora mi alma está turbada. Y ¿qué voy a decir? ¡Padre, líbrame de esta hora! Pero

¡si he llegado a esta hora para esto! Padre, glorifica tu Nombre». Vino entonces una voz del cielo: «Le he glorificado y de nuevo le glorificaré»" (Jn 12, 27-28).

JESÚS VA POR DELANTE

> "Estaban subiendo por el camino hacia Jerusalén y Jesús iba delante de ellos; ellos estaban sorprendidos y los que lo seguían tenían miedo" (Mc 10, 32).

Advertimos en el relato que el evangelista destaca que el Maestro camine delante. En el libro del Éxodo, se describe cómo los israelitas eran conducidos por Dios a través del desierto. La imagen de la nube iluminada o hecha sombra ilustra cómo sentía el pueblo el acompañamiento del Señor:

> "El Señor caminaba delante de los israelitas: de día, en una columna de nubes, para guiarlos por el camino; y de noche, en una columna de fuego, para alumbrarlos; para que pudieran caminar día y noche. No se apartaba de delante del pueblo ni la columna de nube, de día, ni la columna de fuego, de noche" (Ex 13,21-22).

En otro momento, Dios no solo ejerció de guía, sino también de defensa.

> "Se puso en marcha el ángel del Señor, que iba al frente del ejército de Israel, y pasó a retaguardia. También la columna de nube, que iba delante de ellos, se desplazó y se

colocó detrás, poniéndose entre
el campamento de los egipcios y
el campamento de Israel" (Ex 14,19-20).

Desde esta resonancia, la apreciación del evangelista al narrar la posición del Maestro, que iba por delante, nos permite interpretar la semejanza que tiene el camino del Éxodo hacia la tierra prometida con la subida de Jesús a Jerusalén, donde tiene lugar la redención de la humanidad y la posibilidad de volver al jardín primero, a la tierra de la promesa.

El Evangelio de san Juan, al describir el oficio del buen pastor, señala que "cuando ha sacado todas las suyas, camina delante de ellas, y las ovejas lo siguen, porque conocen su voz" (Jn 10,4). Estos textos invitan a meditar y a contemplar lo que significa existen-cialmente que el Señor se revele como compañero de camino y tome el oficio de guía de nuestros pasos, mientras dure la travesía de la existencia.

En otro pasaje, el mismo evangelista se hace eco de las palabras de los personajes celestes a las mujeres en la mañana de Pascua: "Ha resucitado de entre los muertos y va por delante de vosotros a Galilea. Allí lo veréis" (Mt 28,7). En estos pasajes concurre la reacción de miedo, que asalta tanto a los discípulos en la subida a Jerusalén, como a las mujeres en el pasaje pascual. A su vez, resuena la pregunta: "¿Por qué tenéis miedo?" (Mt 8, 26; Mc 4, 40) o las palabras de los seres celestes: "No temáis" (Mt 28, 5).

La circunstancia, señalada en los dos textos de que Jesús va por delante tanto en la subida a Jerusalén para morir, como a Galilea, ya resucitado, a pesar de que pertenece a distintos evangelios, resulta una inclusión reveladora, pues en esa doble referencia se encierra todo el Misterio Pascual. Jesús no nos engaña, no nos envía adonde Él no va; si bien es verdad que exigirá a los discípulos ir detrás de Él con la cruz, también los aguarda, resucitado, en Galilea: "Cuando resucite, iré delante de vosotros a Galilea" (Mt 26, 32). Él va siempre por delante, Él nos precede.

En lenguaje paulino, donde va la cabeza, van los pies, pues "nosotros, siendo muchos, formamos un solo cuerpo" (1 Cor 10, 17), y dice el apóstol: "Él es el principio, el primogénito de entre los muertos, y así es el primero en todo" (Col 1,18). El camino del seguimiento, si vamos detrás de Jesús, no culmina en el Calvario, sino en Galilea, adonde Él anuncia que nos precede. En nuestra mirada al Señor, no perdamos la perspectiva. No seguimos a un perseguido por la justicia, a un condenado a muerte, sino a Aquel que es el Señor y ha resucitado. El pasaje de la subida a Jerusalén, según san Marcos, culmina con la actitud del ciego: "Y al instante, recobró la vista y le seguía por el camino" (Mc 10, 52).

EL OFICIO DE GUÍA

Al considerar la posición de Jesús –Él va delante–que señala el Evangelio, encontramos que de alguna manera toma el oficio de guía. Uno de los servicios que en muchas ocasiones hacen los guías, es dirigir y encabezar el grupo al que acompañan. Si, por ejemplo, se trata de realizar una jornada de senderismo dificultoso, o de avanzar a través de un camino desconocido, el trabajo del guía es fundamental porque se supone que conoce el camino y ofrece seguridad. Ante el riesgo posible, el guía experto da confianza a los que participan en la marcha porque se fían de su buen hacer profesional.

A manera de composición de lugar, o de ejercicio imaginativo, en resonancia ignaciana, presento la contemplación del pasaje evangélico de la última subida de Jesús a Jerusalén según el Evangelio de san Marcos, en forma de tríptico. En el primer cuadro, mirando a la izquierda, representamos a los discípulos, que caminan detrás de su Maestro; en el cuadro de la derecha, plasmo la presencia del ciego de Jericó, y en el cuadro central ponemos nuestros ojos en el Nazareno, el Hijo amado de Dios, que también se deja amar por sus amigos, a su paso por Betania.

Si reparamos en los diferentes personajes del tríptico, los discípulos suben a Jerusalén de modo un tanto especulativo; el ciego de Jericó, siguió a Jesús abiertos los ojos de la fe, y emprendió el camino del seguimiento como verdadero discípulo; Jesús sube como amado de Dios a cumplir la voluntad de su Padre. Los amigos de Betania se convierten en la mediación humana entrañable que le permite a Jesús sentir el calor, la amistad y el suelo firme de la fidelidad.

Primer cuadro: Los discípulos de Jesús

> "« Mirad, estamos subiendo a Jerusalén, y el Hijo del hombre va a ser entregado a los sumos sacerdotes y a los escribas; lo condenarán

a muerte y lo entregarán a los gentiles,
se burlarán de él, le escupirán, lo azotarán
y lo matarán; y a los tres días resucitará»" (Mc 10,
33-34).

Jesús abre su corazón a los suyos, y en un impulso de intimidad, comparte con ellos la sombra que se cierne sobre Él, y les confía lo que le aguarda. Al observar la conducta y la reacción de los apóstoles a las palabras del Maestro, y entre ellos, los más íntimos de Jesús, nos sobrecoge este pasaje. No era la primera vez que el Maestro les hablaba de su muerte. "Se fueron de allí y atravesaron Galilea; no quería que nadie se enterase, porque iba instruyendo a sus discípulos. Les decía:

> « El Hijo del hombre va a ser entregado
> en manos de los hombres y lo matarán;
> y después de muerto, a los tres días
> resucitará ». Pero no entendían lo que decía,
> y les daba miedo preguntarle. Llegaron a
> Cafarnaúm, y una vez en casa, les preguntó:
> « ¿De qué discutíais por el camino? »
> Ellos callaban, pues por el camino habían
> discutido quién era el más importante"
> (Mc 9, 30-34).

La escena se repite en la última subida a Jerusalén.

Podríamos preguntarnos: ¿Cómo es posible que quienes eran los más íntimos de Jesús, sus amigos, después de tres años de enseñanzas impartidas por el mejor Maestro, en un momento tan crítico como era la última subida a Jerusalén, y habiéndoles hablado Jesús a corazón abierto de su próxima Pasión, reaccionen de una manera tan egoísta, y especulativa? "«Maestro, queremos que nos hagas lo que te vamos a pedir». Les preguntó: «¿Qué queréis que haga por vosotros?» Contestaron: «Concédenos sentarnos en tu gloria uno a tu derecha y otro a tu izquierda»" (Mc 10, 35-37).

Si nos ponemos en el lugar de los hijos de Zebedeo, su actitud nos avergüenza. Cabe que nuestra religiosidad y nuestra identidad cristiana no estén exentas de egoísmo, de afán de poder, de especulación, de deseos de aparecer, de lo que llama Santa Teresa "puntos de honra", o de autojustificación. Jesús nos dice que estemos atentos para no tropezar en actitudes especulativas, vanidosas, pretenciosas o con afán protagonista.

Los expertos en Sagradas Escrituras, creen que las escenas que describe el autor sagrado no se limitan a los pasajes evangélicos, sino que el lector debe hacerlas suyas y entrar en ellas como actor. Jesús nos pregunta, a la vez que nos mira con cariño: "¿Qué queréis que haga por vosotros?". Y cabe que nos escandalicemos al descubrir en nuestra identidad cristiana razones egoístas.

Nos hace bien tomar la pregunta de Jesús a los suyos como dirigida a nosotros mismos: "¿Qué quieres que haga por ti?". Quizá se lleva en la intención pedir algún bien, por ejemplo, la salud propia o de la familia, la solución de algún problema... Los apóstoles pidieron honor, poder, primeros puestos, y entre ellos apareció la envidia, y fueron víctimas incluso de los celos: "Los otros diez, al oír aquello, se indignaron contra Santiago y Juan" (Mc 10, 41). Al constatar esta posibilidad puede que nos paralice la vergüenza al vernos reflejados en los discípulos de Jesús. Lo importante es mantenerse en el camino, por el mismo sendero por el que asciende el Maestro.

La vida espiritual es un proceso. No perdamos de vista a quien nos precede en dirección a la mayor prueba de amor.

Segundo cuadro: El ciego Bartimeo

El relato evangélico, como contraste con la presencia de los que caminan con Jesús, alude a una figura que, en principio, parece un contratiempo para ascender con ligereza por el camino hacia la meta de Jerusalén. Se trata del ciego Bartimeo, a quien vemos situado fuera de murallas, a la intemperie, echado en el suelo sobre su manto, al borde del camino, pobre, mendigo, enfermo crónico, marginal, hijo de un hombre de mala fama; eso significa su nombre. Creo que son suficientes datos para interpretar que la situación de este personaje es realmente límite y que a nuestros ojos no tiene remedio.

La narración señala que detrás de Jesús iban los discípulos y otras personas, a las que el ciego pregunta: "¿Qué pasa?", y ellos le responden: "Jesús el Nazareno". E inmediatamente, el ciego se pone a gritar de manera insistente, suplicante: "Jesús, hijo de David, ten piedad de mí". Es tan fuerte el grito que llega a oídos de Jesús, quien pregunta: "¿Qué es eso?". Y le responden: "Un ciego que grita". El Maestro ordena: "Llamadlo". Y los que iban detrás de Jesús le comunican al ciego: "Levántate, que te llama". Y dice el texto que el ciego "soltó el manto, dio un salto y se acercó a Jesús". Cada una de estas acciones es muy significativa.

Soltar el manto es abandonar lo que secuestra a la persona, como es la inercia, la apatía, la desgana, la desesperanza... Dar el salto es levantarse, gracias a la llamada del Señor, posibilidad reemprender la vida. Acercarse a Jesús es el movimiento sanador más integral.

Conviene observar la mediación que ejercen los que van con Jesús, al convertirse en transmisores de la presencia del Señor para el ciego y del grito del ciego a Jesús. Como consecuencia, resalta la reacción del hijo de Timeo, quien al escuchar que le llama el Maestro, suelta lo único que posee, el manto, se pone de pie de un salto y se acerca a Jesús. Soltar el manto, como hemos señalado, no es solo desprenderse de una pieza de abrigo, sino que significa abandonar, en este caso, el pensar que no hay remedio, la actitud desesperanzada, la tristeza hasta la posible depresión.

En la Biblia, el manto significa la identidad de la persona. Es distinto el manto del rey que el del ciego, distinto el manto del pobre, que el manto del sumo sacerdote. A las personas se las reconoce según van vestidas. Además, el ciego, con el gesto de dar un salto y de ponerse en pie, toma la actitud de quien decide cambiar de vida y de sobreponerse al pacto con la mediocridad y al entreguismo.

Ponerse en pie, levantarse es la actitud noble que significa conversión, reinicio del camino, novedad de vida, más aún cuando el salto le lleva al ciego a ponerse ante Jesús cara a cara, momento en el que el Señor, dirigiéndose a él, pregunta "¿Qué quieres que te haga?".

El ciego se sitúa de frente ante Jesús. El Señor le pregunta igual que a los discípulos: "¿Qué quieres que te haga?" (Mc 10, 50-51). Si nos introducimos en la escena, sentiremos la pregunta del Maestro dirigida a cada uno: "¿Qué quieres que haga por ti?". Lógicamente, el ciego pide ver. Pero este ver no es solo recuperar la visión física. Jesús le responde: "Anda, tu fe te ha salvado", y el ciego pasa de ser una persona desahuciada a alguien rehabilitado; de aparecer tumbado como un hombre deshecho, a recuperar la dignidad, puesto en pie y en camino; de ser uno que carece de visión, a ver. Es la fe la que lo convierte en discípulo: "Y al momento recobró la vista y lo seguía por el camino" (Mc 10, 52).

El texto nos infunde una gran esperanza, porque difícilmente podremos argumentar que nuestra situación no tiene remedio, que nuestra enfermedad o situación interior es incurable, o que nuestras dolencias son ya tan crónicas, que no podemos superar nuestra postración. El ciego, en una situación de hundimiento, gracias a la mediación de quienes le hablaron del paso de Jesús, gritó, se levantó, abandonó su postración, recuperó la fe, y se convirtió en discípulo, en seguidor de los pasos del Nazareno, de Aquel que iba a dar su vida. Dice santa Teresa:

> "No me ha venido trabajo que, mirándoos a Vos cuál estuvisteis delante de los jueces, no se me haga bueno de sufrir. Con tan buen amigo presente, con tan buen capitán que se puso en lo primero en el padecer, todo se puede sufrir: es ayuda y da esfuerzo; nunca falta; es amigo verdadero" (Vida 22, 6).

Entremos en el relato. Cada uno de nosotros, como aquellos que iban con Jesús, tiene la posibilidad y hasta la llamada de decir al que nos encontremos en el camino lo que supone haber conocido al Señor, de hablar al vecino, al amigo, al compañero de trabajo de quién es Jesús Nazareno, de quién es el Señor y quién es su santísima Madre. Explicarles lo que significa ser creyente, y si Dios quiere, que descubran y sientan el amor del Señor, su fuerza y su poder. Ninguno, viendo la reacción del ciego de Jericó, podrá resistirse por creerse incapaz de levantarse. Conozco a quienes, después de haber permanecido en la mayor oscuridad por seguir los instintos más bajos, al dejarse mirar por Jesús y por su Madre, han sido capaces de erguirse con fuerza, e iniciar una nueva vida como conversos creyentes.

Tercer cuadro: El Hijo amado de Dios

Jesús sube a Jerusalén como un enamorado, para dar su vida por su esposa, la Iglesia. Por amor a ti y a mí. El secreto de Jesús es el amor con el que se siente amado, y desde el que ama. "Es necesario que el mundo comprenda que yo amo al Padre, y que, como el Padre me ha ordenado, así actúo. Levantaos, vámonos de aquí" (Jn 14, 31). Sí, subamos con Jesús a Jerusalén.

Jesús no sube a Jerusalén de manera prepotente, fanática o por titanismo heroico. Por la fuerza secreta e íntima que le daba saberse amado, sabiendo que va a morir, Jesús no se arredra ante la dificultad. Siguiendo el consejo de la doctora mística, Santa Teresa:

> "No os pido ahora que penséis en Él,
> ni que saquéis muchos conceptos
> ni que hagáis grandes y delicadas
> consideraciones con vuestro entendimiento;
> no os pido más de que le miréis. Pues,
> ¿quién os quita volver los ojos del alma,
> aunque sea de prestobsi no podéis
> más, a este Señor? Pues podéis mirar
> cosas muy feas, ¿y no podréis mirar
> la cosa más hermosa que se puede imaginar?
> Mirad que no está aguardando otra cosa,
> como dice a la esposa, sino que le miremos"
> (CP 26, 3).

Dejaos mirar por los rostros de Nuestro Padre Jesús, y por los de María, su santísima Madre, y todo os será fácil.

En la última subida de Jesús a Jerusalén es referencia significativa el paso por Betania. Sabemos que se hospedó en casa de sus amigos. Allí le obsequiaron, le sirvieron una cena, le demostraron amor hasta derrochar el frasco de perfume costoso sobre sus pies. El discípulo traidor criticó el dispendio de las libras de perfume, y camufló su crítica con aparente sensibilidad social, cuando lo que deseaba era quedarse con el dinero. Pero Jesús defendió el gesto de la mujer.

Es notable que los días previos a la Pasión, Jesús, en vez de subir directo a Jerusalén, pase antes por Betania y se hospede en la casa de Marta, María y Lázaro como queriendo demostrarnos que, como hombre en todo semejante a nosotros, necesita el apoyo y la cercanía de los amigos. Un discípulo de Jesús Señor se debe definir como amigo de Jesús, Betania para Él. Y estoy seguro de que el bálsamo de nuestra amistad con Jesús llega a quienes Jesús prefería, los más pobres, los ciegos de Jericó que hoy nos encontramos en el camino.

CONCLUSIÓN

El seguimiento evangélico no se hace por moralismo, ni por ascetismo voluntarista, sino que, a ejemplo del Maestro, es un seguimiento por amor: "Nadie tiene amor más grande que el que da la vida por sus amigos" (Jn 15, 13). Ahora se comprende mejor lo que dice el profeta:

> "Por amor a Sión no callaré, por amor de Jerusalén no descansaré, hasta que rompa la aurora de su justicia, y su salvación llamee como antorcha. Los pueblos verán tu justicia, y los reyes tu gloria; te pondrán un nombre nuevo, pronunciado por la boca del Señor. Serás corona fúlgida en la mano del Señor y diadema real en la palma de tu Dios.

> Ya no te llamarán «Abandonada», ni a tu tierra «Devastada»; a ti te llamarán «Mi predilecta», y a tu tierra «Desposada», porque el Señor te prefiere a ti, y tu tierra tendrá un esposo. Como un joven se desposa con una doncella, así te desposan tus constructores. Como se regocija el marido con su esposa, se regocija tu Dios contigo. Sobre tus murallas, Jerusalén, he puesto centinelas: no callarán ni de día ni de noche" (Is 62, 1-6).

Y ahora comprendemos al vidente del Apocalipsis:

> "«Mira, te mostraré a la novia, la esposa del Cordero». Y me llevó en Espíritu a un monte grande y elevado, y me mostró la ciudad santa de Jerusalén que descendía del cielo, de parte de Dios, y tenía la gloria de Dios; su resplandor era semejante a una piedra muy preciosa, como piedra de jaspe cristalino" (Ap 21, 9-11).

Y termina la Biblia clamando: "El Espíritu y la esposa dicen: «¡Ven!». Y quien lo oiga, diga: «¡Ven!». Y quien tenga sed, que venga. Y quien quiera, que tome el agua de la vida gratuitamente" (Ap 22, 17).

Es posible que nos quedemos a distancia de la actitud y de la intencionalidad que lleva el Maestro en su ascenso a Jerusalén porque nos sintamos egoístas. Mas siempre cabe que nos convirtamos, al menos, en sus amigos, que le hacen posible soportar la prueba.

Vamos a Jerusalén

¡A Jerusalén, con los pies descalzos!
Que es tierra sagrada la cumbre santa.
No mires hacia atrás, ni eches las cuentas.
Lancemos la mirada al horizonte.
Él nos precede, amado y decidido.
Y tras Él van las huellas del que cree,
sin importarle el precio del despojo,
con ojos de luz y siempre abiertos.
¡Seamos compañeros del Señor!
Y cabe que nos llame sus amigos.
Con sus ojos nos mira y nos pregunta:
"Dime, ¿qué quieres que haga por ti?"

Señor, que vaya siempre detrás de tus pasos,
que ascienda tras de ti hasta la cumbre,
y que llegue como el ciego compañero,
hasta compartir por amor tu entrega.

Cuestiones

- ¿Con quién te identificas? ¿Con los discípulos? ¿Con el ciego? ¿Con los amigos?
- Hoy es posible comenzar de nuevo. "¡Levántate, que te llama!"

Enamorados

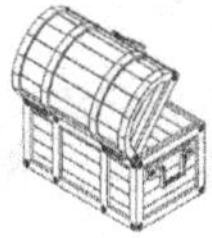

"Entraron en la casa,
vieron al niño con María,
su madre,
y cayendo de rodillas lo adoraron;
después,
abriendo sus cofres,
le ofrecieron regalos:
oro, incienso y mirra"
(Mt 2, 11).

INTRODUCCIÓN

Las ofrendas de los Magos aparecen citadas en orden inverso según las estipulaciones del Mandamiento Principal: tentaciones, consejos de Jesús y compromisos evangélicos. El Mandamiento Principal pide "Amar a Dios con todo el corazón, con toda la mente y con todas las fuerzas". Las tentaciones se corresponden con las propuestas que intentan seducir por la sensualidad de comer, por el protagonismo del poder y por el afán de poseer. Ante los halagos del Malo, Jesús propone frente a la sensualidad, el ayuno; contra el protagonismo orgulloso, la oración; y a la propuesta del poseer ambicioso, la limosna.

En cambio, el pasaje que narra la ofrenda de los Magos, invierte el orden. El oro hace referencia a las fuerzas; el incienso a la oración, y la mirra, perfume nupcial, se relaciona con el corazón. Sin embargo, existe una doble posibilidad de emplear el oro, el incienso y la mirra: de manera fiel o de manera infiel, según sean ofrendas a Dios o a los ídolos.

ADORACIÓN

Dice el evangelista san Mateo: "Los magos, cayendo de rodillas lo adoraron". Al encontrar al Niño Jesús con María, su madre, adoraron a quien reconocieron como rey, como Dios y como hombre, y se postraron ante Él. Es reveladora la imagen de unos personajes ricos, de tierras lejanas, arrodillados ante un niño. En ello cabe descubrir no tanto el gesto de sometimiento, cuanto una expresión de generosidad, de fe y de amor, actitudes que iluminan la acción de adorar.

Cabe considerar el significado que se encierra en el gesto de arrodillarse ante el Niño Jesús en brazos de su madre. No es por sumisión de esclavo ni por actitud servil. No es acción humillante, ni gesto que degrada la dignidad de la persona. No es estrategia diplomática, mero protocolo, ni aplauso vacío, reacción debida a las circunstancias. No es adulación, ni alabanza ficticia. Los verdaderos adoradores "adoran en espíritu y verdad" (Jn 4, 24). Los Reyes Magos rinden homenaje al Rey del cielo.

Ilumina la exégesis que el papa Benedicto hizo en 2005, en la misa de clausura de la JMJ en Colonia:

> "Yo encuentro una alusión muy bella a este nuevo paso que la última Cena nos indica con la diferente acepción de la palabra «adoración» en griego y en latín.
> La palabra griega es proskynesis. Significa el gesto de sumisión, el reconocimiento de Dios como nuestra verdadera medida, cuya norma aceptamos seguir. Significa que la libertad no quiere decir gozar de la vida, considerarse absolutamente autónomo, sino orientarse según la medida de la verdad y del bien, para llegar a ser, de esta manera, nosotros mismos, verdaderos y buenos.

> Este gesto es necesario, aun cuando nuestra ansia de libertad se resiste, en un primer momento, a esta perspectiva. Hacerla completamente nuestra solo será posible en el segundo paso que nos presenta la última Cena. La palabra latina para adoración es ad-oratio, contacto boca a boca, beso, abrazo y, por tanto, en resumen, amor. La sumisión se hace unión, porque aquel al cual nos sometemos es Amor. Así la sumisión adquiere sentido, porque no nos impone cosas extrañas, sino que nos libera desde lo más íntimo de nuestro ser" (Homilía, Colonia - Explanada de Marienfeld, Domingo 21 de agosto de 2005).

Según esta exégesis, adora quien ama y al tiempo siente libertad; el que cree y siente anchura de corazón en el hecho de rendirse. Los Magos reconocen la presencia divina delante de ellos. Solo Dios merece adoración. Quien lo adora postrado, se rinde en gesto obsequioso y voluntario, sin especular.

Adorar es beso, máxima unión, entrega total, necesidad del corazón enamorado de Dios, en quien cree. Implica acoger su voluntad, y al saberse remecido de gracia, se exulta de alegría. Adora el humilde, y no como chantaje, sino como reconocedor a la vez de su propia identidad y de la identidad de su Hacedor; lo hace el pobre, sin especular por ello; el que busca y al encontrarse con el Señor, al sentirse en su presencia, cae de rodillas estremecido, como quien se sabe pequeño y criatura ante su Creador. Así lo hizo el leproso samaritano curado por Jesús, "viendo que estaba curado, se volvió alabando a Dios a grandes gritos y se postró a los pies de Jesús, rostro en tierra, dándole gracias" (Lc 17, 15-16).

En la historia de la Iglesia, muchos se han relacionado con Jesús sacramentado en actitud de adoración. Los santos, los místicos, los contemplativos, quienes siguen la luz interior, salen de sí mismos y reconocen la presencia de Dios no solo en el Sacramento de la Eucaristía, sino en la obra creada, y en el prójimo.

Sin duda, quien al saberse bendecido por Dios desborda de agradecimiento, queda fascinado por la posibilidad de relacionarse con Él, aun sin verlo. Los Magos, después de adorar al Niño Jesús, le ofrecieron sus dones.

LAS OFRENDAS

No es extraño que los Magos, venidos de Oriente, ofrezcan al Niño Jesús los dones de oro, incienso y mirra. El profeta Isaías había adelantado la visión sobre la ciudad santa:

> "Te cubrirá una multitud de camellos, dromedarios de Madián y de Efá. Todos los de Saba llegan trayendo oro e incienso, y proclaman las alabanzas del Señor" (Is 61, 6).

En otro momento, la Biblia reseña la visita de la reina de Saba al rey Salomón, a quien le obsequió con ofrendas valiosas: "Llegó a Jerusalén con una gran fuerza de camellos portando perfumes, oro en cantidad y piedras preciosas" (1Re 10, 2). Por la referencia geográfica, que señalan los textos bíblicos, se puede interpretar que en los dones traídos de extremo Oriente –Saba se encontraba en el suroeste de la Península Arábiga, en el actual Yemen–, se cumple también la profecía de Jesús: "Vendrán de Oriente y Occidente" (Lc 13, 29).

En una interpretación literal, la referencia al oro, al incienso y a la mirra tiene únicamente el significado material. Que a un rey le regalen objetos valiosos parece algo normal; sin embargo, en un contexto más amplio, cabe descubrir el significado de las ofrendas.

El oro, el incienso y la mirra encierran simbólicamente significados más profundos que su valor económico. San Pedro Crisólogo comenta: "Hoy el mago discierne con profundo asombro lo que allí contempla: el cielo en la tierra, la tierra en el cielo, el hombre en Dios, y Dios en el hombre; y a aquel que no puede ser encerrado en todo el universo incluido en un cuerpo de niño. Y, viendo, cree y no duda; y lo proclama con sus dones místicos: el incienso para Dios, el oro para el Rey, y la mirra para el que morirá" (san Pedro Crisólogo, Sermón 160).

EL ORO, DON PRECIOSO

En los relatos de la creación, aparece el oro como bendición de Dios sobre la tierra:

> "En Edén nacía un río que regaba el jardín, y allí se dividía en cuatro brazos: el primero se

> llama Pisón; rodea toda la tierra de Javilá, donde hay oro. El oro de este país es bueno" (Gn 2, 10-12).

Desde antiguo, a este metal precioso se le tiene por un tesoro y a quien lo posee se le considera afortunado.

En muchos pasajes, la bendición de Dios se manifiesta en la abundancia y en la posibilidad de disfrutar de los bienes; así sucede con los patriarcas: "Abrán era muy rico en ganado, plata y oro" (Gn 13, 2). En otro pasaje, cuando el criado del patriarca, en su misión de encontrar esposa para Isaac se presenta ante la casa de Rebeca, se alude a la riqueza como título de bendición: "Soy criado de Abrahán. El Señor ha colmado de bendiciones a mi amo, que ha prosperado; le ha dado ovejas y vacas, plata y oro" (Gn 24, 34-35). En el caso de José, "el faraón se quitó el anillo de su mano y lo puso en la mano de José; le hizo vestir ropas de lino y le puso un collar de oro al cuello" (Gn 41, 42).

Los reyes de este mundo atesoran el metal precioso, pero no siempre son solidarios como los Magos con sus riquezas. Ni son conscientes de su mortalidad. El salmista recuerda: "Como una polilla roes sus tesoros; el hombre no es más que un soplo" (Sal 38,12). Jesús advierte: "No atesoréis para vosotros tesoros en la tierra, donde la polilla y la carcoma los roen y donde los ladrones abren boquetes y los roban. Haceos tesoros en el cielo, donde no hay polilla ni carcoma que los roen, ni ladrones que abren boquetes y roban" (Mt 6, 19-20). Por la enseñanza evangélica, merece ofrecer el sacrificio de vender todo por alcanzar el tesoro del reino, "pues donde está tu tesoro, allí está tu corazón" (Mt 6, 21).

En este sentido, el verdadero tesoro no es la riqueza material, sino haber encontrado el reino de los cielos. Es la súplica que nos ha enseñado Jesús: "Venga a nosotros tu reino". Los Magos antepusieron la búsqueda de Jesús a sus bienes, y ante el Niño se desprendieron de sus riquezas. Jesús va a decir: "En verdad os digo que no hay nadie que haya dejado casa, o hermanos o hermanas, o madre o padre, o hijos o tierras, por mí y por el Evangelio, que no reciba ahora, en este tiempo, cien veces más –casas y hermanos y hermanas y madres e hijos y tierras, con persecuciones– y en la edad futura, vida eterna" (Mc 10, 29-30). Los Magos son testimonio de la salvación universal.

LA IDOLATRÍA DEL DINERO

Si hemos contemplado la presencia del metal precioso como señal de bendición divina y de ofrenda generosa, también se encuentran referencias al oro cuando se extravía el corazón del hombre y perece en la idolatría.

Es emblemática la imagen del becerro en el libro del Éxodo: "Quitadles los pendientes de oro a vuestras mujeres, hijos e hijas, y traédmelos". Todo el pueblo se quitó los pendientes de oro y se los trajeron a Aarón. Él los recibió, trabajó el oro a cincel y fabricó un becerro de fundición. Entonces ellos exclamaron: "Este es tu dios, Israel, el que te sacó de Egipto" (Ex 32, 2-4). En otro momento de la historia de Israel: "El rey fundió dos becerros de oro y dijo al pueblo: «Basta ya de subir a Jerusalén. Este es tu dios, Israel, el que te hizo subir de la tierra de Egipto», e instaló uno en Betel y otro en Dan. Este hecho fue ocasión de pecado" (1Re 12, 28-30).

Vivimos tiempos en los que el materialismo y el afán por el dinero desplazan el sentimiento generoso de la caridad. San Juan Crisóstomo afirma: "Así tú debes tributar al Señor el honor que él mismo te indicó, distribuyendo tus riquezas a los pobres. Pues Dios no tiene ciertamente necesidad de vasos de oro, pero sí, en cambio desea almas semejantes al oro".

EL INCIENSO

El incienso, resina extraída de un árbol y aromatizada, se relaciona con el culto. Así aparece en las Escrituras:

> "Frente a ellos, estaban en pie setenta ancianos de la casa de Israel, entre los cuales se encontraba Jazanías, hijo de Safán. Cada uno tenía un incensario en la mano, del cual subía una nube de incienso perfumado" (Ez 8,11).

> "De Oriente a Occidente mi nombre es grande entre las naciones, y en todo lugar se quema incienso en mi honor y se ofrece a mi nombre una ofrenda pura, pues mi

> nombre es grande entre las naciones, dice
> el Señor del universo" (Ml 1, 11).

En el Nuevo Testamento, Zacarías, padre de Juan el Bautista, aparece oficiando en el "Sancta Sanctorum":

> "Una vez que oficiaba delante de Dios con el grupo de su turno, según la costumbre de los sacerdotes, le tocó en suerte a él entrar en el santuario del Señor a ofrecer el incienso; la muchedumbre del pueblo estaba fuera rezando durante la ofrenda del incienso. Y se le apareció el ángel del Señor, de pie a la derecha del altar del incienso" (Lc 1, 8-11).

La relación orante con Dios se simboliza en la columna del humo sagrado del incienso: "Suba mi oración como incienso en tu presencia" (Sal 140, 2). En la liturgia oriental se emplea con exuberancia el incienso. Hay quien lo emplea como ambientador, y sobre todo ante el impacto del olor, se despierta en muchas personas experiencias religiosas de gran sensibilidad.

Los israelitas en tiempos de la deportación, en su exilio, se lamentan por no tener lugar donde ofrecer el culto debido a Dios: "En este momento no tenemos príncipes, ni profetas, ni jefes; ni holocausto, ni sacrificios, ni ofrendas, ni incienso; ni un sitio donde ofrecerte primicias para alcanzar misericordia" (Dn 3, 38). San Pablo nos hace a nosotros ofrenda de suave olor: "Porque somos incienso de Cristo ofrecido a Dios" (2Co 2, 15).

EL CULTO IDOLÁTRICO

El pueblo continuaba ofreciendo sacrificios en los altozanos, pues no se había construido hasta entonces un templo al Nombre del Señor. Salomón amaba al Señor y obraba según los preceptos de su padre David, pero, a pesar de ello, ofrecía sacrificios y quemaba incienso en los altozanos (1Re 3, 2-3). El profeta denuncia la perversión cultual del pueblo infiel: "Le pediré cuentas de los días en que quemaba incienso a los ídolos. Ataviada con su anillo y su collar, corría detrás de sus amantes, y a mí, me olvidaba" (Os 2, 15). "Sacrifican sobre la cumbre de los montes, queman incienso sobre las colinas" (Os 4, 13). Y la denuncia se convierte en declaración de amor: "Cuando Israel era joven lo amé y de Egipto llamé a mi hijo. Cuanto más los llamaba, más se alejaban de mí: sacrificaban a los baales, ofrecían incienso a los ídolos" (Os 11, 1-2).

Sorprende la narración bíblica del comportamiento de Salomón, el rey que ganó el corazón de Dios, y que más tarde, sin embargo, se desvió dando culto a dioses extraños: "Edificó Salomón por entonces un altar a Camós, abominación de Moab, sobre el monte que está frente a Jerusalén, y otro a Milcón, abominación de los amonitas. Lo mismo hizo con todas sus mujeres extranjeras que quemaban incienso y sacrificaban a sus dioses. Y se enojó el Señor contra Salomón por haber desviado su corazón del Señor, Dios de Israel" (1Re 11, 7-9).

"El pueblo seguía ofreciendo sacrificios y quemando incienso en los santuarios" (2Re 12, 4). Allí quemaban incienso, en todo lugar de culto, al modo de los pueblos paganos, a los que el Señor había expulsado ante ellos. Obraron mal, irritando al Señor, dando culto a los ídolos, cuando el Señor les había dicho: "No haréis tal cosa" (2Re 17, 11-12). El culto debido a Dios no se limita a la ofrenda del incienso, sino a nosotros mismos como ofrenda de suave olor, según el apóstol:

> "Sed imitadores de Dios, como hijos
> queridos, y vivid en el amor como Cristo
> os amó y se entregó por nosotros a Dios
> como oblación y víctima de suave olor.
> De la fornicación, la impureza, indecencia
> o afán de dinero, ni hablar; es impropio
> de los santos" (Ef 5, 1-3).

LA MIRRA, PERFUME ESPONSAL

La mirra, materia resinosa y aromática, se utiliza como aleación de perfumes, de ungüentos y hasta de fármacos. En la Biblia aparece como materia que sirve para consagrar lugares y personas:

> "El Señor habló a Moisés: «Procúrate los
> perfumes más finos: de mirra virgen, seis
> kilogramos; de cinamomo, tres kilogramos;
> de caña aromática, tres kilogramos;
> de casia, seis kilogramos (según las pesas
> del Santuario), y de aceite de oliva, siete
> litros. Con ellos prepararás el óleo
> de la unción santa; harás una mezcla
> perfumada, como la prepara un perfumista,
> y servirá para la unción santa. Ungirás con

> él la Tienda del Encuentro y el Arca del Testimonio»" (Ex 30, 22-26).

También aparece como perfume nupcial. El salmista canta en las bodas del príncipe real: "A mirra, áloe y acacia huelen tus vestidos" (Sal 44). Y el Cantar de los Cantares evoca la mirra en una escena de intimidad: "Bolsita de mirra es mi amado para mí: entre mis pechos descansa" (Cant 1, 13).

Por la concurrencia de la mirra con los perfumes que se emplean en los momentos afectivos de mayor intimidad, cabe interpretar el significado nupcial que le da el evangelista en la descripción del momento de la sepultura de Jesús, al que envuelven en sábanas, y lo ungen con los perfumes de mirra y áloe:

> "Llegó también Nicodemo, el que había ido a verlo de noche, y trajo unas cien libras de una mixtura de mirra y áloe. Tomaron el cuerpo de Jesús y lo envolvieron en los lienzos con los aromas, según se acostumbra a enterrar entre los judíos" (Jn 19, 39-40).

EL PERFUME DEL PROSTÍBULO

Si el oro, el incienso y la mirra tienen significados nobles y sagrados, también cabe que se empleen de forma egoísta; y lo bueno, cuando se corrompe, es lo peor. Así, el afán por el dinero es una idolatría; la pérdida de trascendencia y de fe en Dios, al rendir culto a las criaturas y al propio yo, deriva en un egocentrismo narcisista; y las relaciones afectivas sin referencia al amor de Dios, son proyección de la propia necesidad física o sexual y en muchos casos, manifestación egoísta.

Si la mirra aparece en el lecho nupcial, también cabe encontrarla en el prostíbulo: "He cubierto mi lecho de sábanas, de telas estampadas de Egipto; he perfumado mi lecho con mirra, áloe y nardo. Vamos a embriagarnos de caricias hasta el alba, a saciarnos de los placeres del amor" (Prov 7, 16-18).

Cuando el pueblo se apartaba de Dios, los textos sagrados lo describen como un verdadero adulterio.

> "«¡Ay, ay de la gran ciudad, Babilonia, la ciudad poderosa! ¡Porque en una hora ha llegado tu castigo!». También los mercaderes de la tierra llorarán y harán duelo por ella, porque ya nadie compra sus mercancías: mercancías de oro y plata, piedras preciosas y perlas; de lino, púrpura, seda y escarlata, toda clase de madera aromática, los objetos de marfil, instrumentos de madera preciosa, de bronce, hierro y mármol; cinamomo y plantas olorosas, perfumes, mirra e incienso, vino y aceite, flor de harina y trigo, vacas y ovejas, caballos y carros, esclavos y personas humanas" (Apc 18, 10-13).

ENAMORADOS

Si la palabra adoración, en griego significa sometimiento, y en latín, beso o amor, se puede interpretar que los Magos de Oriente hicieron sus ofrendas como obsequio enamorado.

Dice Santa Teresa: "Amor saca amor". Depende de la experiencia que se haya tenido o se tenga del amor de Dios para que brote del corazón la respuesta correspondiente. Si el creyente no parte del principio de saberse amado, va a interpretar la fe como respuesta religiosa, un tanto ascética, por las obligaciones que siente que debe cumplir, en vez de saberse afortunado de poder devolver amor, como dice el refrán castellano: "Amor con amor se paga", don del Espíritu Santo.

> "Sin Él la Iglesia permanece inerte, la fe es una mera doctrina, la moral sólo un deber, la pastoral un simple trabajo. A veces escuchamos a los así llamados pensadores, teólogos, que nos dan doctrinas frías, parecen matemáticas porque en el interior les falta el Espíritu. Con Él, en cambio, la fe es vida, el amor del Señor nos conquista y la esperanza renace" (Francisco, homilía Pentecostés, 28 de mayo 2023).

Cuestiones

- ¿Cómo es tu proceso, adoras y ofreces?
- Tus ofrendas, ¿son expresión de tu vida de relación con Dios, o expresión egocéntrica y algo especuladora?
- Entre tus ofrendas a Dios, ¿cuál destacas, la que hace relación con el oro, o con el incienso, o con la mirra?

HABITADOS

«Señor, el que tú amas está enfermo».
Jesús, al oírlo, dijo: «Esta enfermedad no es para la muerte,
sino que servirá para la gloria de Dios, para que el Hijo de Dios
sea glorificado por ella».
Cuando se enteró de que estaba enfermo se quedó todavía
dos días donde estaba. Solo entonces dijo a sus discípulos:
«Vamos otra vez a Judea». Dicho esto, añadió:
«Lázaro, nuestro amigo, está dormido: voy a despertarlo».
Entonces le dijeron sus discípulos:
«Señor, si duerme, se salvará». Jesús se refería a su muerte;
en cambio, ellos creyeron que hablaba del sueño natural.
Dijo Jesús: «Quitad la losa».
Marta, la hermana del muerto, le dijo:
«Señor, ya huele mal porque lleva cuatro días».
Jesús le replicó: «¿No te he dicho que si crees verás la gloria
de Dios?». Entonces quitaron la losa. Jesús, levantando los ojos
a lo alto, dijo: «Padre, te doy gracias porque me has escuchado;
yo sé que tú me escuchas siempre; pero lo digo por la gente que
me rodea, para que crean que tú me has enviado».
Y dicho esto, gritó con voz potente: «Lázaro, sal afuera».
El muerto salió, los pies y las manos atados con vendas, y la cara
envuelta en un sudario. Jesús les dijo:
«Desatadlo y dejadlo andar»
(Jn 11, 2-4. 6-7. 11-13. 39-44).

De manera simbólica, el Cuarto Evangelio narra siete signos que hizo Jesús en su vida pública. Con ellos, quiere indicarnos que actuó muchas veces en favor de los más necesitados. Estos signos son concretamente: La conversión del agua en vino, en la boda de Caná de Galilea (Jn 2). La curación del hijo del funcionario real (Jn 4, 46). La curación del paralítico de la piscina de Betesda (Jn 5). La multiplicación de los panes (Jn 6). La tormenta calmada y Jesús caminando sobre las aguas (Jn 6). La curación del ciego (Jn 9) y la resurrección de Lázaro (Jn 11). Después de resucitar, los discípulos redescubren al Maestro tras la pesca abundante (Jn 21).

El primer signo, según san Juan, es en la boda de Caná de Galilea. Si uno se queda en el relato que termina con el regalo de Jesús de seiscientos litros de vino bueno, cuando los comensales estaban ebrios, no parece que este sentido esté en consonancia con el mensaje evangélico. Pero, si en el pasaje de Juan (Jn 2) se descubre el proyecto de vida de Jesús, todo cambia. La boda de Caná es el anuncio de la entrega total del Nazareno en la Cruz, donde da su cuerpo y su sangre por su esposa, la Iglesia.

La curación del hijo del funcionario real nos ofrece por un lado, la acción de Jesús, que no hace distinción de personas para actuar con misericordia, al curar a un hijo de quien sirve al rey Herodes; y por otro lado, la fe en las palabras de Jesús del padre del enfermo.

El paralítico de la piscina probática nos lleva a comprender que el auténtico médico es Jesús, Él es quien dice de sí mismo: "Yo soy la resurrección y la vida". El hombre enfermo lleva sin curarse treinta y ocho años en el recinto de un templo pagano, donde se da culto al dios de la medicina, Esculapio, y quien le cura es Jesús, por lo que queda suplantado el culto idolátrico.

El signo de la multiplicación de los panes en el Cuarto Evangelio adelanta el misterio de la Última Cena. Jesús pronuncia las palabras más revolucionarias, que muchos no comprenden: "El que come mi carne y bebe mi sangre habita en mí y yo en él". Sin duda es la celebración mística de la unión sacramental que acontece cuando se toma el pan santo de la Eucaristía.

Después de la multiplicación de los panes, Jesús se sube al monte a orar, Él solo, pero no pierde de vista a los suyos.

> "Había ya oscurecido, y Jesús todavía
> no había venido donde ellos; soplaba
> un fuerte viento y el mar comenzó
> a encresparse. Cuando habían remado
> unos veinticinco o treinta estadios, ven
> a Jesús que caminaba sobre el mar
> y se acercaba a la barca, y tuvieron miedo.
> Pero él les dijo: «Soy yo. No temáis»"
> (Jn 6, 17-20).

En este pasaje se adelanta la presencia de Cristo resucitado, quien al igual que dirá a las mujeres, dice a los discípulos: "No temáis".

El ciego de Siloé, en la sucesión de los signos, señala el proceso que se debe dar en cada uno de nosotros, al tener que pasar de la autojustificación por la práctica de la ley, a la fe. El cristiano es el creyente en la persona de Jesús, y se adhiere a Él, aunque le cueste impopularidad, hasta persecución, como le pasa al ciego de nacimiento. Además, se nos revela que las diferentes capacidades que tiene cada persona no se deben a una discriminación de Dios.

Como culmen de los milagros y signos que hizo Jesús, el evangelista san Juan describe la resurrección de Lázaro, que no solo revela el poder que Cristo tiene sobre la muerte, sino que es una enseñanza para permanecer siempre en esperanza. Nos fijamos en el signo de la resurrección de Lázaro y en el último del Evangelio, la pesca abundante.

LOS TIEMPOS DE DIOS

De entre todos los signos, nos fijamos especialmente en el último, en el que se nos revela a Jesucristo como dador de vida y como resurrección de muertos. En el texto aparece un contraste, hasta cabe encontrar una contradicción. Jesús recibe la noticia de la enfermedad de su amigo Lázaro, y en vez de ponerse en camino, como lo hizo cuando devolvió la vida a la hija de Jairo, el texto señala que permaneció dos días aún en el lugar donde estaba predicando.

Si Jesús tenía poder para evitar la muerte de su amigo, pues le devolvió la vida aun después de llevar cuatro días muerto y enterrado, ¿por qué no acudió inmediatamente a Betania, para librar a sus amigas Marta y María de tanto dolor, del que Él mismo participó, pues viéndolas llorar, se conmovió y lloró también? No se puede pensar que fuera un movimiento resistente a la petición de las hermanas y amigos de Lázaro, al no acudir con urgencia. Más bien deberemos interpretar que todo tiene un significado mayor. Cuando algo no se comprende en la Biblia no es porque sea errónea la cita, sino porque deberemos abrirnos a un sentido más trascendente que la mera interpretación literal.

Muchas veces parece que el Maestro y la Providencia divina no actúan, según nuestro criterio, porque permiten que se llegue al extremo de la capacidad, y en este caso a lo que significa morir, e incluso a oler a muerto. Y, en ese momento, cuando ya no hay solución humana, momento en que se pierde la esperanza y todo parece irremediable, para que se vea quién es el que resuelve la situación, acontece lo inesperado, el acontecimiento trascendente.

Si personalizamos el pasaje, puede interpretarse de manera existencial. ¡Cuántas veces andamos aplastados con la losa de nuestra autosuficiencia, de nuestro orgullo y vanidad! Mas estos instintos de supervivencia se agotan y llevan al límite de la capacidad humana. Como reacción lógica emerge el hundimiento psicológico, la desesperanza y el llanto. La reacción natural es la de arrastrar muerta nuestra ilusión, aunque sea con disimulo.

En muchas ocasiones hay que llegar a morder el polvo, como le sucedió a Saulo, para comprender que quien nos levanta no es nuestra fuerza, sino el Señor. Él es quien manda que nos quitemos las ataduras, las dependencias esclavizantes que nos matan.

¿Crees esto? Marta confesó que creía en la resurrección del último día, pero Jesús se presenta Él mismo como resurrección y vida. Creer en Él transmite esperanza, mantiene en la certeza de que ante Él nada se pierde, y quizá, cuando menos lo esperamos, acontece, al menos en el propio interior, la evidencia de estar siendo bendecidos y escuchados.

INVITADOS

El último signo, que se narra en el texto ampliado del Cuarto Evangelio, está descrito al alba, a las orillas del Mar de Galilea, donde Jesús tiene encendida una lumbre con un pez encima y se dirige a los siete discípulos que volvían de pescar sin nada en las redes. El Maestro les orienta y consiguen una pesca abundante. Ante este signo, el discípulo amado reconoce al Señor, quien les invita a almorzar.

Después de comer, el evangelista presenta una de las escenas más entrañables. Si nos introducimos en ella, puede suscitar dolor al comprender la distancia que se da entre el amor de Jesús y el del discípulo. Como agradecimiento a Jesús, surgen mociones afectivas de fidelidad y de amor por Él. Sin embargo, cabe, y se sabe por experiencia, que se quiebren las mejores intenciones y propósitos. En este caso, puede volver la tristeza de la infidelidad y la sospecha de que estamos abandonados por Dios a causa de nuestra debilidad, o más bien de sentirnos indignos del amor de Dios.

Cuando Jesús pregunta a Simón Pedro si le ama, resuena la sentencia que el Maestro había pronunciado:

> "*Si me amáis*, guardaréis mis mandamientos;
> y yo pediré al Padre y os dará otro Paráclito,
> para que esté con vosotros para siempre,
> el Espíritu de la verdad, a quien el mundo
> no puede recibir, porque no le ve ni le
> conoce. Pero vosotros le conocéis, porque
> mora con vosotros. No os dejaré huérfanos:
> volveré a vosotros. Aquel día comprenderéis
> que yo estoy en mi Padre y vosotros en
> mí y yo en vosotros. El que tiene mis
> mandamientos y los guarda, ése es el que
> me ama; y el que me ame, será amado de
> mi Padre; y yo le amaré y me manifestaré
> a él. Si alguno me ama, guardará mi Palabra,
> y mi Padre le amará, y vendremos a él,
> y haremos morada en él" (Jn 14, 15-21.23).

En la traducción e interpretación de los textos bíblicos, es posible que no se transmita el matiz que guarda el texto original. Así puede suceder con la traducción de las preguntas de Jesús a Pedro y con las respuestas del discípulo al Maestro. En las declaraciones de Jesús, según el Evangelio de san Juan, parece que el amor de Dios queda condicionado, como si nosotros pudiéramos afectar la identidad divina, cuando en otro texto revelado se nos afirma:

> "En esto consiste el amor: no en que nosotros hayamos amado a Dios, sino en que Él nos amó y nos envió a su Hijo como propiciación por nuestros pecados" (1Jn 4, 10).

Más que el condicional, deberíamos interpretar que el amor de Dios es ofrecido permanentemente. De nosotros depende el acogerlo, pero no podemos impedir que Dios nos quiera. Cabe llegar a negar a Dios, pero es imposible modificar su identidad divina y desnaturalizarla, como sucede entre nosotros. Si llueve, uno se empapa de la lluvia, salvo que abra el paraguas. Respecto al amor divino, es posible que nos cerremos a él, pero no podemos impedir que Dios nos ame.

El Dios revelado se manifiesta enamorado de su criatura, y aunque el texto sagrado describe el enfado divino, y hasta la venganza, si se leen los pasajes desde el final, se descubre cómo emergen la misericordia y el perdón de Dios. "Por un breve instante te abandoné, pero con gran compasión te recogeré. En un arranque de furor te oculté mi rostro por un instante, pero con amor eterno te he compadecido –dice Yahveh tu Redentor–" (Isa 54, 7-8). San Pablo afirma: "Si cuando éramos enemigos, fuimos reconciliados con Dios por la muerte de su Hijo, ¡con cuánta más razón, estando ya reconciliados, seremos salvos por su vida!" (Rom 5, 10).

Por el misterio de la Redención somos habitados por el Espíritu Santo: "El amor de Dios ha sido derramado en nuestros corazones por el Espíritu Santo que nos ha sido dado" (Rom 5, 5). Podemos ser inconscientes, olvidadizos e infieles, pero la verdad revelada nos dice: "¿O no sabéis que vuestro cuerpo es santuario del Espíritu Santo, que está en vosotros y lo habéis recibido de Dios, y que no os pertenecéis? ¡Habéis sido bien comprados! Glorificad, por tanto, a Dios en vuestro cuerpo" (1Cor 6, 19-20).

LA EXPERIENCIA DEL LÍMITE

Cabe que el Señor permita la sequedad, la experiencia de desierto y de soledad, pero no significa que Él esté lejos de nosotros. En uno de sus discursos más arriesgados, San Pablo una vez que recorrió el Partenón de Atenas, afirmó en el areópago:

> "El creó, de un solo principio, todo
> el linaje humano, para que habitase sobre
> toda la faz de la tierra fijando los tiempos
> determinados y los límites del lugar
> donde habían de habitar, con el fin de que
> buscasen la divinidad, para ver si a tientas
> la buscaban y la hallaban; por más que no
> se encuentra lejos de cada uno de nosotros;
> pues en él vivimos, nos movemos
> y existimos" (Act 17, 26-28).

Los maestros espirituales enseñan métodos para vivir en la presencia de Dios. San Agustín confiesa que fue error suyo creer que estaba solo, por no entrar dentro de sí mismo, donde se encuentra el huésped interior. Es muy diferente saberse habitado, acompañado y amado, que recorrer los días errante, sin meta ni compañía. El Amigo del alma es aquel único amigo que ha entrado hasta lo profundo del ser y conoce la íntima intimidad. Nadie puede llegar hasta ese hondón sino aquel que lo llena todo y lo penetra todo, el Espíritu Santo. Él es quien nos habita de manera discreta y amorosa.

Resuena la sentencia: "Si uno se pone de mi parte ante los hombres, yo también me pondré de su parte ante mi Padre del cielo. Y si uno me niega ante los hombres, yo también lo negaré ante mi Padre del cielo" (Mt 10, 33). Y vuelve el temor. Pero encontramos en el texto revelado un alivio:

> "Acuérdate de Cristo Jesús, del linaje de David, que vive resucitado de entre los muertos. Verdadera es la sentencia que dice: Si hemos muerto con él, viviremos también con él. Si tenemos constancia en el sufrir, reinaremos también con él; si rehusamos reconocerle, también él nos rechazará; si le somos infieles, él permanece fiel; no puede él desmentirse a sí mismo" (2Tm 8. 11-13).

AMAOS COMO YO OS AMO

Jesús pregunta al discípulo:

> "«¿Me amas más que estos?». Pedro no se atreve a responder al mimo nivel y responde: «Te quiero». Aunque Dios es fiel

> y no rompe su alianza, parece pretencioso poder ser fiel como Él es fiel, y sobre todo amar como Él nos ama. Jesús nos manda: «Que os améis los unos a los otros como yo os he amado»" (Jn 15, 12).

Y en las preguntas que le hace a Pedro, no requiere tanto su amor, cuanto confiesa su predilección por ese apóstol que lleva en el corazón la herida de las negaciones.

Ante algunos textos bíblicos, hay reacciones acostumbradas, que impiden encontrarse con el mensaje revelado como de nuevas. Yo solía interpretar el mandamiento principal de amar como Dios nos ama como Jesús nos asegura que Él lo hace, y me parecía que era algo superior a nuestra capacidad. ¿Cómo va a ser posible que podamos amarnos unos a otros como Jesús nos ama, si el suyo es un amor divino? Él mismo afirma: "Nadie tiene amor más grande que el que da la vida por sus amigos" (Jn 15, 13). "Vosotros, los que en otro tiempo estabais lejos, habéis llegado a estar cerca por la sangre de Cristo" (Ef 2, 13).

Sin embargo, la referencia al mandamiento del amor mira al amante, al amor que Jesús nos tiene y al amado, a quienes somos amados por Él. Si es difícil tener conciencia de ejercer el amor a Dios y al prójimo como ama Cristo porque su ejemplo nos excede, sin embargo, si miramos a quienes somos objeto del amor de Jesús, quizá se hace más comprensible la exigencia de amar como Él, porque se trata de amar a quienes somos pobres y débiles.

Jesús no nos ama por ser perfectos, Él ama especialmente a los pecadores, a los enfermos, a los que tienen mayor necesidad. Jesús ama a quienes, a pesar de ser infieles, pobres o extranjeros, son la atracción para sus ojos y la razón de su misión: "El Hijo del hombre ha venido a buscar y salvar lo que estaba perdido" (Lc 19, 10). "No necesitan médico los que están fuertes, sino los que están mal; no he venido a llamar a justos, sino a pecadores" (Mc 2, 17). Son muchos los santos que han demostrado con sus vidas el amor a los pobres, a los enfermos, a los que nadie quiere mirando el amor de Jesús, y ninguno de ellos ha tenido conciencia de amar como Dios nos ama, como nos ama su Hijo Jesucristo.

Un joven me confesaba que, al proyectar su amor hacia una persona concreta, buscaba a quien le diera seguridad, prestigio, poder económico, riquezas... Y cuando se dio cuenta de su egoísmo, se le rompió su propia imagen idolátrica, su ego falso y narcisista. Como reacción sincera, aunque no exenta de orgullo, no podía perdonarse a sí mismo por haber buscado seguridad más que amor, por haber deseado poder, más que una relación entrañable, amistosa y fiel. Y de pronto se encontraba con el ser herido.

Este encuentro con el joven despertó en mí la contemplación de textos evangélicos en los que se nos revela cómo nos ama Jesús. Él no nos busca por afán de adquirir poder, riqueza y seguridad, sino todo lo contrario. Él se rebaja, nos busca a nosotros, a pesar de nuestra fragilidad y hasta de nuestro pecado. Jesús no retira su amor, por más que nos vea prepotentes, vanidosos, inconscientes y porque vivamos de forma autónoma, sin agradecerle nuestras capacidades.

Desde esta perspectiva el amor que debemos al prójimo no se sustenta en una identidad perfecta, porque el otro sea ejemplo de virtud, o porque su persona nos atraiga en razón de su posición social, capacidad intelectual o valores humanos, sino a pesar de no tenerlos. Porque Jesús nos ama a cada uno y no por lo que hacemos o tenemos, sino por lo que somos, nuestro amor hacia los demás se debe sostener en la certeza de que nosotros somos amados por Jesús más allá de nuestra fidelidad.

Las parábolas del "Buen Pastor", de "la oveja perdida", de "la dracma perdida", además del relato del "hijo pródigo", demuestran la opción de Jesús de amarnos más allá de nuestro comportamiento.

Si tomamos conciencia de cómo nos ama Jesús, en nuestra fragilidad, tendremos fuerza para amar a los otros, a pesar de que su situación no sea humanamente atractiva. No se trata de un perfeccionismo especulativo, por el que se intenta adquirir conciencia de intachables, sino todo lo contrario, al vernos nosotros mismos amados por el Señor, brota la piedad de amar desde nuestra pobreza amada.

SIN AFÁN INTERESADO

Jesús no nos ama de forma especulativa o interesada. No nos extorsiona porque nos presente la cuenta de lo que ha hecho por nosotros. Si hay algo que se percibe en la experiencia del amor de Jesús es la libertad que se siente y la gratitud que suscita. Hay formas egoístas de amar, que se apartan de la ofrenda que nos hace el Señor. Él no tiene otro interés que el de que nos sepamos amados.

Él se ha presentado enviado por su Padre para sanar a los enfermos, atraer a los alejados, perdonar a los pecadores. Jesús no nos manda aquello que Él no ha hecho, y porque nos ama más allá de nuestra respuesta, nos puede decir:

> "Si amáis a los que os aman, ¿qué mérito tenéis? Pues también los pecadores aman a los que los aman. Si hacéis bien a los que os lo hacen a vosotros, ¿qué mérito tenéis? ¡También los pecadores hacen otro tanto! Si prestáis a aquellos de quienes esperáis recibir, ¿qué mérito tenéis? También los pecadores prestan a los pecadores para recibir lo correspondiente" (Lc 6, 32-34).

Si tuviéramos conciencia de merecer el amor de Dios, cabría que, al compararnos con los otros, cayéramos en el movimiento pretencioso y farisaico de creernos perfectos y con derecho a que Dios nos sea favorable. Pero si tenemos la certeza de nuestra frágil condición y pobre identidad, no podremos reivindicar la relación amiga con Jesús como derecho propio. Él nos lo ha dicho claramente: "No me habéis elegido vosotros a mí, sino que yo os he elegido a vosotros" (Jn 15, 16).

San Pablo llega a decir:

"Mirad, hermanos, ¡quiénes habéis sido llamados! No hay muchos sabios según la carne ni muchos poderosos ni muchos de la nobleza. Ha escogido Dios más bien lo necio del mundo para confundir a los sabios. Y ha escogido Dios lo débil del mundo, para confundir lo fuerte. Lo plebeyo y despreciable del mundo ha escogido Dios; lo que no es, para reducir a la nada lo que es. Para que ningún mortal se gloríe en la presencia de Dios" (1Cor 1, 26-29).

EL RESUCITADO

Cristo resucitado no es una noticia de ayer. Cristo resucitado no es una formulación dogmática para defender la fe. Cristo resucitado está vivo, es una persona, interviene en el corazón del hombre, no puede pasar sin atravesar los muros de nuestro corazón y decirnos: "Paz a vosotros".

El cenáculo, el lugar donde se percibe la presencia viva del Señor, es el propio corazón. Jesús buscó al amigo en su casa. Se deja sentir en el espacio interior. Una vez que se acallan las voces exteriores, y se calma la mente de pensamientos extraños, se percibe la presencia del Señor por la paz que inunda. En el hondón del ser emerge su voz que invita: "Trae tu mano y métela en mi costado. Y no seas incrédulo, sino creyente". Jesús se deja palpar en las heridas, en las tuyas y en las mías, en la fragilidad. Si uno se atreve a reconocerlo, se iluminarán sus llagas, y se convertirá en testigo de Pascua, porque se descubrirá llevando las señales del Resucitado.

No es poesía, ni son bellas palabras de alguien que desde fuera invita a reconocerle. Es el Señor, en su voz se escucha su invitación a salir de todo encerramiento. Sin visión, se es consciente de recibir la mirada misericordiosa de quien, sin violencia, desea avivar la fe en Él.

Cada día es Pascua si cada día somos capaces de reconocer la presencia del Resucitado en los acontecimientos, en las personas, en el propio interior, en la fracción del pan, en la misericordia divina y en la Palabra de Dios.

Cuestiones

- ¿Te sientes amado y habitado?
- ¿Te sientes invitado a amar?

ENVIADOS

"No mires atrás ni te pares en toda la redonda"
(Gn 19, 17).
"Dicho esto, añadió: «Sígueme».
Pedro se vuelve y ve siguiéndoles detrás,
al discípulo a quién Jesús amaba, que además durante la cena
se había recostado en su pecho y le había dicho:
«Señor, ¿quién es el que te va a entregar?»
Viéndole Pedro, dice a Jesús:
«Señor, y éste, ¿qué?»
Jesús le respondió:
«Si quiero que se quede hasta que yo venga,
¿qué te importa?
Tú, sígueme»"
(Jn 21, 20-22).
"Nadie que pone la mano en el arado y mira hacia atrás
es apto para el Reino de Dios"
(Lc 9, 62).
"Pero una cosa hago: olvido lo que dejé atrás y me lanzo
a lo que está por delante, corriendo hacia la meta
para alcanzar el premio a que Dios me llama
desde lo alto en Cristo Jesús"
(Flp 3, 13-14).

INTRODUCCIÓN

Todo texto tiene un contexto, y la conducta social y personal implica un ambiente y una cultura que han venido forjándose de generación en generación. La Biblia aconseja no mirar hacia atrás, tal como sucede en el Génesis, cuando Lot sale de Sodoma. El Cuarto Evangelio culmina con la escena en la que Jesús invita a Simón Pedro a seguirlo y le amonesta por mirar hacia atrás. El Evangelio, a manera de axioma, nos ofrece una consigna de no mirar ni atrás ni a los lados. San Pablo nos da su propio testimonio: "Solo busco una cosa: olvidándome de lo que queda atrás y lanzándome hacia lo que está por delante" (Flp 3. 13).

Es evidente que no podemos plantear el momento actual que se vive en la sociedad y en la Iglesia –y en ella los presbíteros y consagrados–, desde la nostalgia de otros tiempos, ni echar la culpa a quienes nos han precedido. No obstante, trayendo a la memoria acontecimientos históricos que han marcado la vida espiritual de consagrados y de laicos en los finales del siglo XX, creo que se comprenden mejor las actuales circunstancias, si lo contextualizamos con algunos datos sociológicos del tiempo inmediatamente anterior al presente, sin echar por ello la culpa a nadie, ni justificar la situación de individualismo que se da ahora en la sociedad y en el clero.

Tomás Halík describe la historia de la Iglesia siguiendo las horas del día, y señala que estamos en la hora de la tarde:

> "Diferencia tres etapas en la historia
> del cristianismo: la primera, la mañana,
> premoderna; la segunda, la crisis del
> mediodía, el tiempo de la secularización;
> la tercera, la entrante tarde del cristianismo,
> cuya forma ya manifiesta en nuestro
> tiempo la decadencia del mundo moderno"
> (T. Halík, *La tarde del cristianismo*, 67).

EL INDIVIDUALISMO

Nos encontramos con una generación de adultos que se han ausentado de la Iglesia, y a los que les afecta el síndrome de Peter Pan. Adultos "que experimentan una emoción y un sentimiento de libertad y singularidad que simplemente se les sube a la cabeza" (A. Matteo, *La conversión Peter Pan*, 61). Adultos "sin trascendencia, sin verdad, sin límites, sin moral, sin política, la vida parece realmente más suave, más liberal..." (63). Lo que parecía que podría ser un revulsivo social por haber tocado el límite humano, se ha convertido en un deseo irrefrenable de volver a ser como antes, "volver como antes a disfrutar de la vida. Volver a ser joven. ¡Jóvenes para siempre!" (69).

Muchos han dejado de ser cristianos y han abrazado la "religión" de Peter Pan. Detrás de esa "religión" hay un sistema económico-financiero que saca importantes réditos, pues es una "religión" del consumo.

Tal y como decía el papa Francisco, estamos viviendo un cambio de época, pero algunos no quieren enterarse. De ahí que el autor del libro sea un tanto escéptico sobre la profusión de eventos pastorales "novedosos" o sobre la burocracia con el ejemplo de que una "unidad pastoral" al final será el resultado de la fusión de varias parroquias.

El eterno joven no admite jerarquías, estados ni fases de la vida. Su sentido de la libertad es dar curso a los propios deseos. Vive inmerso en una esfera de autonomía subjetiva, en la que no hay lugar para la trascendencia. Esto no significa, como señala Armando Matteo, que desaparezca la pertenencia a grupos políticos o religiosos. Pero adherirse a ellos no implica limitar su autonomía individual. Hay algo más importante que cualquier obligación religiosa, moral o civil, y es "el derecho a tener derechos".

Esto supone admitir que existe un nuevo contexto cultural. La Cristiandad ha tocado a su fin. Hay que buscar un nuevo paradigma pastoral. No se puede ser un auténtico cristiano si no se llega a ser adulto, y no se llega a ser adulto si no se es cristiano. "Jesús muestra la plenitud de ser adulto" (132). Esa madurez es una invitación a salir de uno mismo. Es ejercer la misericordia y la ternura como Jesús (96), que se conmueve ante la viuda de Naín (Lc 7, 11-17) o ante los amigos del paralítico que descuelgan su camilla por el techo (Lc 5, 17-26).

El papa Benedicto XVI, en su homilía en Nicosia, adelantó su visión sobre la situación actual, que tiene el riesgo de enclaustrarse en el individualismo:

"Cada uno de nosotros que formamos parte de la Iglesia necesita salir del mundo cerrado de su individualismo y aceptar la «compañía» de los demás, que «comparten el pan» con nosotros. Ya no debemos pensar más a partir del «yo», sino del «nosotros». Por esto, todos los días pedimos a «nuestro» Padre el pan «nuestro» de cada día. (...)

Cristo vive en nosotros, su cuerpo, la Iglesia, su pueblo sacerdotal. Al tomarlo a Él como alimento en la eucaristía y acogiendo en nuestros corazones su Espíritu Santo, nos transformamos realmente en el Cuerpo de Cristo que hemos recibido, estamos verdaderamente en comunión con Él y entre nosotros, y nos transformamos en verdaderos instrumentos suyos, dando testimonio de Él en el mundo. «En el grupo de los creyentes todos pensaban y sentían lo mismo» (Act 4,32).

En las comunidades cristianas primitivas que se alimentaban de la mesa del Señor vemos los efectos de esta acción unificadora del Espíritu Santo. Ponían sus bienes en común y cualquier apego material era superado por amor a los hermanos. De esta manera, el mensaje que Cristo resucitado confió a los Apóstoles se extendió con rapidez por todo el Medio Oriente, y desde allí por el mundo entero" (Benedicto XVI, Homilía en Nicosia, 6-VI-2010).

El papa Francisco advierte del riesgo de mundanidad, que no es otro que el de perecer en el ensimismamiento narcisista, egolátrico, por el que se busca la vanagloria, en vez de dar gloria a Dios:

> "Hoy el problema serio son los refugios escondidos de búsquedas de sí mismo, que muchas veces van por la sexualidad y muchas veces van por otro lado. Me preocupa cuando la mundanidad se mete en la vida consagrada" (Conversación con los Jesuitas en Lisboa, 5 de agosto 2023).

Y, dirigiéndose a los sacerdotes de Roma:

> "¿Dónde nos orienta el Espíritu que nos ha unido y enviado como apóstoles del Evangelio? En la oración me vuelve esto: que Dios nos pide ir a fondo en la lucha contra la mundanidad espiritual. El padre Henri de Lubac, en algunas páginas de un texto que os invito a leer, definió la mundanidad espiritual como «el peligro más grande para la Iglesia –para nosotros, que somos Iglesia– la tentación más pérfida, la que siempre renace, insidiosamente, cuando las otras son vencidas». Y ha añadido palabras que me parecen muy acertadas: «Si esta mundanidad espiritual invadiera a la Iglesia y trabajara para corromperla socavando su mismo principio, sería infinitamente más desastrosa que cualquier simple mundanalidad moral» (Meditación sobre la Iglesia, Milán 1965, 470)", (Francisco, 5 de agosto 2023).

No es fácil romper el secuestro al que invita la cultura actual, donde las relaciones virtuales desplazan a las personales. Todos andamos hipotecados al teléfono móvil, dependientes de mensajes y de *Whatsapps* constantes. El papa Francisco ha advertido del riesgo emocional que conlleva tener conexiones perjudiciales. "Muchas veces encontramos gente –pensemos en los jóvenes, por ejemplo– con el móvil en la mano y buscan, miran... «Pero tú ¿te paras a pensar?» – «No». Siempre extrovertido, hacia el otro" (Audiencia 12 de octubre, 2022). El 26 de octubre de 2022, el Papa, en el encuentro con los seminaristas que estudian en Roma, dijo: "Es un vicio que tiene mucha gente, muchos laicos, y también sacerdotes y religiosas. El diablo entra por ahí. Estad atentos a esto".

Ante la experiencia de participar de ser miembros de la Iglesia y de participar en la Eucaristía, como respuestas adecuadas señalo la Proexistencia, la entrega entrañable y el acompañamiento espiritual como formas de salir de uno mismo.

La proexistencia

Frente al egoísmo endogámico, subjetivo y narcisista, que ofrece la cultura individualista y que señala el Papa como riesgo de mundanidad, por "una supuesta seguridad doctrinal o disciplinaria que da lugar a un elitismo narcisista y autoritario" (EG 94), la madurez humana y la plenitud posible nos llega por la entrega de sí hacia los otros, por la opción de dar vida y hasta la vida. Cuando el rey David se dispone a morir, llama a su hijo Salomón y, al darle la última bendición, le dice: "Ten valor y sé hombre" (1Re 2, 1) Si contextualizamos este deseo del rey desde la revelación bíblica, sabemos que Dios hizo al hombre a imagen suya (Gen 1, 27), y también que nos hizo de barro (Gen 2, 7). La semejanza divina se nos revela en el misterio de la Encarnación, en el Hijo de Dios hecho hombre, quien "siendo de condición divina no hizo alarde de su categoría de Dios; al contrario, actuó como un hombre cualquiera, se rebajó hasta el extremo de morir en la Cruz", para redimir a la humanidad (Flp 2, 6-8). El icono de la humanidad plena nos lo ofrece el Evangelio de san Juan, cuando Pilato, durante el proceso contra Jesús, muestra al Nazareno: "Este es el hombre". El *Ecce Homo*, sin figura ni belleza, desfigurado, quien se entrega en manos de sus verdugos para redimirnos, nos revela la forma más auténtica de madurez posible, la que se obtiene al darse uno mismo en favor de los demás. "Pues toda la ley alcanza su plenitud en este solo precepto: Amarás a tu prójimo como a ti mismo" (Gál 5, 14). "Hasta que lleguemos todos a la unidad de la fe y del conocimiento pleno del Hijo de Dios, al estado de hombre perfecto, a la madurez de la plenitud de Cristo" (Ef 4, 13).

La plenitud humana se logra por un camino diferente al ensimismamiento individualista y egocéntrico, como advierte el papa Francisco de caer en una nueva mundanidad:

> "Esta oscura mundanidad se manifiesta en muchas actitudes, aparentemente opuestas, pero con la misma pretensión de «dominar el espacio de la Iglesia». En algunos hay un cuidado ostentoso de la liturgia, de la doctrina y del prestigio de la Iglesia, pero sin preocuparles que el

> Evangelio tenga una real inserción en el Pueblo fiel de Dios y en las necesidades concretas de la historia. Así, la vida de la Iglesia se convierte en una pieza de museo o en una posesión de pocos.
>
> En otros, la misma mundanidad espiritual se esconde detrás de una fascinación por mostrar conquistas sociales y políticas, o en una vanagloria ligada a la gestión de asuntos prácticos, o en un embeleso por las dinámicas de autoayuda y de realización autorreferencial. También puede traducirse en diversas formas de mostrarse a sí mismo en una densa vida social llena de salidas, reuniones, cenas y recepciones. O bien se despliega en un funcionalismo empresarial, cargado de estadísticas, planificaciones y evaluaciones, donde el principal beneficiario no es el Pueblo de Dios, sino la Iglesia como organización.
>
> En todos los casos, no lleva el sello de Cristo encarnado, crucificado y resucitado, se encierra en grupos elitistas, no sale realmente a buscar a los perdidos ni a las inmensas multitudes sedientas de Cristo. Ya no hay fervor evangélico, sino el disfrute espurio de una autocomplacencia egocéntrica" (EG 95).

Hay que salir de sí hacia el otro, personalizarse en las relaciones entrañables y fraternas, olvidarse de sí mismo.

> "Si alguno quiere venir en pos de mí, niéguese a sí mismo, tome su cruz y sígame. Porque quien quiera salvar su vida,

> la perderá, pero quien pierda su vida por mí,
> la encontrará" (Mt 16, 24-25).

En este principio se comprenden los axiomas evangélicos: "Quien quiera salvar su vida, que la pierda". "Quien quiera ser señor, que sea vuestro servidor". "Los primeros serán últimos y los últimos, primeros".

LA ENTREGA ENTRAÑABLE

Como remedio ante el individualismo y la mundanidad, la respuesta es ofrecer una verdadera amistad, concreta y no genérica, no basada en discursos generales sino en gestos particulares. "Es nuestra alegría el antídoto y la vacuna contra el individualismo radical que hoy aflige y crucifica al mundo. Es nuestra alegría de adultos y de creyentes, felices de serlo, el movimiento justo para convertir a Peter Pan de su ilusión de un solitario goce infinito. En verdad, solo quien ama disfruta, solo quien sabe hacer feliz disfruta, solo quien da disfruta"[1]. Hace más de 50 años, Benedicto XVI predijo:

> "Tras la prueba de estas divisiones surgirá,
> de una Iglesia interiorizada y simplificada,
> una gran fuerza, porque los seres humanos
> serán indeciblemente solitarios en un
> mundo plenamente planificado.
> Experimentarán, cuando Dios haya

---

[1] https://www.cope.es/religion/tengo-sed/noticias/cristianismo-sociedad-peter-pan-20220118_1733259

desaparecido totalmente para ellos,
su absoluta y horrible pobreza. Y entonces
descubrirán la pequeña comunidad de los
creyentes como algo totalmente nuevo.
Como una esperanza importante para ellos,
como una respuesta que siempre han
buscado a tientas"[2].

Frente a la situación descrita, miremos el ejemplo de mansedumbre y humildad que nos da Jesús. "El manso es el que nunca quiere estar sin el otro: no lo necesita para sí mismo, sino que lo encuentra para dar vida a una comunidad. El manso es, en definitiva, una persona verdaderamente «sinodal» (Armando Matteo, 107). "El manso, en verdad, no es aquel que no tiene poder, fuerza, libertad o voluntad. El manso es aquel que es más fuerte que su propia fuerza, más poderoso que su propio poder, más libre que su propia libertad, y lo es por su apertura al otro, para que el otro sea él mismo" (109).

El acompañamiento espiritual

La proexistencia y la relación entrañable tienen en el acompañamiento espiritual una de las mejores expresiones. Tanto de la herencia recibida, que ha dado como fruto cierta orfandad, como del nuevo afán por no envejecer, surge la necesidad del acompañamiento espiritual y la urgencia de ejercerlo adecuadamente.

---

[2] https://www.museocarlistademadrid.com/post/la-profec%C3%ADa-del-cardenal-ratzinger

A la hora de practicar el acompañamiento y el discernimiento espiritual, las Sagradas Escrituras refuerzan el modo de hacerlo en el camino del seguimiento evangélico o en momentos de encrucijada y necesidad de decidir, bien sea de opción de vida, de acrisolamiento o de maduración espiritual.

Cuatro textos bíblicos son iluminadores en la misión de acompañar: el libro de Tobías, la parábola del "Buen samaritano" (Lc 10), el pasaje de los discípulos de Emaús (Lc 24), y la narración en los Hechos de los Apóstoles de la conversión del ministro de la reina de Candace (Act 8, 26-40).

El libro de Tobías narra la intervención del arcángel Rafael, quien se ofrece de manera voluntaria y con respeto al joven Tobit para acompañarlo a la ciudad de Media, y en el retorno a la casa de su padre. La narración señala un proceso en el que no falta la prueba, la crisis y hasta la tentación, pero termina en una experiencia gozosa y de luz. No es indiferente que sea a costa de la vida de un pez, símbolo de Cristo entre los primeros cristianos. Realizado el acompañamiento, Rafael desaparece.

La parábola del "Buen Samaritano" (Lc 10, 30-37) muestra el gesto voluntario del samaritano de acercarse al herido y de llevarlo a la posada para administrarle los auxilios de la untura con aceite y vino, símbolos muy evocadores de los sacramentos, al igual que la misma posada, donde se restablece el herido. No sabemos nada de quién es el buen samaritano, y él mismo se marcha sin recibir el agradecimiento del herido.

San Lucas describe la escena de los dos discípulos camino de Emaús (Lc 24). En ella aparece el Maestro, al que no reconocen, pero con quien hablan y a quien escuchan mientras van de camino, referencias bíblicas sobre el sentido de su muerte. Cuando lo reconocen en la fracción del pan, Jesús desaparece.

El encuentro del diácono Felipe con el ministro de la reina de Candace (Act 8, 26-40) se desarrolla en los mismos parámetros. Felipe se ofrece a explicarle las Escrituras al ministro, y la escena concluye con su bautismo. Una vez bautizado el ministro, Felipe desaparece.

En los textos señalados se puede observar el acompañamiento voluntario y generoso, la referencia a las Escrituras y las imágenes sacramentales del pez, el vino, el aceite, la posada, la fracción del pan, el bautismo... Y, al final, en todos los casos el acompañante desaparece. Sin embargo, el que no se vea al Señor, no significa que se haya ausentado. "Desaparece, es decir, les deja plena libertad para que tomen la dirección que quieran. Lucas no dice que Jesús se fue. Él permanece presente como lo estaba cuando se pusieron en ruta hacia Emaús, cuando reñían, cuando estaban tristes. Él está presente, curándoles el corazón" (K. Wons, *Sanar el corazón*, 119).

Somos muy sensibles para percibir si en el posible ofrecimiento del acompañante, se encubre alguna intención o gesto dominador. La libertad es una condición esencial en el ejercicio del acompañamiento. Pero a su vez cabe que, como hemos señalado, quien debiera ofrecerse como solidario deje en vacío el ministerio entrañable de acompañar por respeto excesivo, por no comprometerse o por pensar que cada uno es ya mayor. Este será un reto permanente, saber acompañar y saber desaparecer.

El acompañamiento no es un circuito cerrado entre maestro y discípulo, o entre amigos. Siempre debe abrirse para que el Señor entre en el corro y el grupo se amplíe a quienes Él desee añadir. De aquí lo importante que es la referencia a la Palabra de Dios. Un modo evangélico de acompañamiento puede ser también la pequeña comunidad o el grupo de referencia. La corrección fraterna (Mt. 18,15) es un aspecto del acompañamiento. Lo que se dice con amor no hace daño y sana. Lo que se dice con violencia interna, aunque sea verdad, hiere y no cura. Ayuda mucho, aunque no sea explícitamente acompañamiento espiritual, la participación en encuentros arciprestales, de unidades pastorales, o en pequeños grupos reunidos por afinidad espiritual. Los laicos pueden ejercer esta misión.

Cuestiones

- ¿Observas el desplome de la participación de los fieles en las celebraciones litúrgicas?
- ¿Te defiendes ante la realidad social o sientes la provocación pastoral ante el relativismo y alejamiento de los fieles?
- ¿Te descubres con movimientos evasivos o con sentimientos samaritanos?

COLECCIÓN ESPIRITUALIDAD
TÍTULOS PUBLICADOS

ALBAR, L.: *Descenso a las profundidades de Dios.*
ALEGRE, J.: *La luz del silencio, camino de tu paz.*
ÁLVAREZ, E. y P.: *Te ruego que me dispenses.*
AMEZCUA, C. y GARCÍA, S.: *Oír el silencio.*
ANGELINI, G.: *Los frutos del Espíritu.*
ASI, E.: *El rostro humano de Dios.*
AVENDAÑO, J.M.ª: *Dios viene a nuestro encuentro.*
– *En tus manos. Acompañar en la enfermedad y preparar una buena muerte.*
– *La fe es sencilla.*
– *La hermosura de lo pequeño.*

BALLESTER, M.: *Hijos del viento.*
BEA, E.: *Maria Skobtsov. Madre espiritual y víctima del holocausto.*
BEESING, M.ª y otros: *El eneagrama.*
BIANCHI, E.: *Otra forma de vivir.*
BOADA, J.: *Fijos los ojos en Jesús.*
– *Mi única nostalgia.*
– *Peregrino del silencio.*
BOHIGUES, R.: *Una forma de estar en el mundo: Contemplación.*
BOSCIONE, F.: *Los gestos de Jesús. La comunicación no verbal en los Evangelios.*
BUCCELLATO, G.: *Tú eres importante para mí.*

CÀNOPI, A. M.: *¿Has dicho esto por nosotros?*
– y BALSAMO, B.: *Amor, susurro de una brisa suave.*
CARAMORE, G.: *A Dios nunca lo ha visto nadie*
CHÉNO, R.: Al final del silencio.
CHENU, B.: *Los discípulos de Emaús.*
CLÉMENT, O.: *Dios es simpatía.*
– *El rostro interior.*
– *Unidos en la oración.*
CUCCI, G.: *El sabor de la vida. La dimensión corporal de la experiencia espiritual.*

DANIEL-ANGE: *La plenitud de todo: el amor.*
DELFIEUX, Hno. P.-M.: *Un camino monástico en la ciudad.*
DOMEK, J.: *Respuestas que liberan.*
DEWANDELER, R.: *Espiritualidad de la duda.*

EIZAGUIRRE, J.: *Una vida sobria, honrada y religiosa.*
ESTRADÉ, M.: *Shalom Miriam.*

FERDER, F.: *Palabras hechas amistad.*
FERNÁNDEZ BARBERÁ, C.: *La fuente que mana y corre.*
FERNÁNDEZ-PANIAGUA, J.: *Las Bienaventuranzas, una brújula para encontrar el norte.*
– *El lenguaje del amor.*
FLECHA ANDRÉS, J.R.: *De camino con María.*
FORTE, B.: *La vida como vocación.*
FRANÇOIS, G. y PITAUD, B.: *El bello escándalo de la caridad. La misericordia según Madeleine Delbrêl.*

GAGO, J.L.: *Gracias, la última palabra.*
GALILEA, S.: *Tentación y discernimiento.*
– *Fascinados por su fulgor.*
GHIDELLI, C.: *Quien busca la sabiduría, la encuentra.*
GÓMEZ, C. (ed.): *El compromiso que nace de la fe.*
GÓMEZ MOLLEDA, M.ªD.: *Cristianos en la sociedad laica.*
– *Pedro Poveda, hombre de Dios.*
– *Pedro Poveda y nosotros.*
GRÁNDEZ, R. M.: *Tú eres mi canto, Jesús.*
GRÜN, A.: *Buscar a Jesús en lo cotidiano.*
– *Evangelio y psicología profunda.*
– *La mitad de la vida como tarea espiritual.*
– *La oración como encuentro.*
– *La salud como tarea espiritual.*
– *La vida no es solo para el fin de semana.*
– *Nuestras propias sombras.*
– *Nuestro Dios cercano.*
– *Si aceptas perdonarte, perdonarás.*
– *Su amor sobre nosotros.*
– *Una espiritualidad desde abajo.*
GUTIÉRREZ, A.: *Citados para un encuentro.*

HANNAN, P.: *Tú me sondeas.*
HEYES, Z.: *En casa conmigo y con Dios.*

IZUZQUIZA, D.: *Rincones de la ciudad.*

JÄGER, W.: *Contemplación.*
– *En busca del sentido de la vida.*
– *Un camino espiritual.*
JOHN DE TAIZÉ: *El Padrenuestro. Un itinerario bíblico.*
– *La novedad y el Espíritu.*
JOSSUA, J. P.: *La condición del testigo.*
JONQUIÈRES, G.: *Fitness espiritual.*

KAUFMANN, C. y MARÍN, R.: *El amor tiene nombre.*

LAFRANCE, J.: *Cuando oréis decid: Padre.*
– *El poder de la oración.*
– *El Rosario.*
– *En oración con María, la madre de Jesús.*
– *La oración del corazón.*
– *Ora a tu Padre.*
LECLERC DU SABLON, J.: *Vivir al estilo de Jesús.*
LAMBERTENGHI, G.: *La oración, medicina del alma y del cuerpo.*
LÉCU, A.; *Has cubierto mi desnudez.*
LÉCU, A., PONSOT, H. y CANDIARD, A.: *Retiros en la ciudad.*
LOEW, J.: *En la escuela de los grandes orantes.*
LÓPEZ BAEZA, A.: *La oración, aventura apasionante.*
LÓPEZ VILLANUEVA, M.: *La voz, el amigo y el fuego.*
LOUF, A.: *A merced de su gracia.*
– *El Espíritu ora en nosotros.*
– *Escuela de contemplación.*
– *Mi vida en tus manos.*
LUTHE, H. y HICKEY, M.: *Dios nos quiere alegres.*

MANCINI, C.: *Como un amigo habla a otro amigo.*
– *Escuchar entre las voces una.*
– *Libres y alegres en el Señor.*
MARIO DE CRISTO: *Dios habla en la soledad.*
MARTÍN, F.: *Rezar hoy.*
MARTÍN VELASCO, J.: *Testigos de la experiencia de la fe.*
– *Vivir la fe a la intemperie.*
MARTÍNEZ LOZANO, E.: *¿Dios hoy?*
– *Donde están las raíces.*
– *El gozo de ser persona.*
– *Nuestra cara oculta. Integración de la sombra y unificación personal.*
MARTÍNEZ MORENO, I.: *Guía para el camino espiritual.*
MARTÍNEZ OCAÑA, E.: *Buscadores de felicidad.*
– *Cuerpo espiritual.*
– *Cuando la Palabra se hace cuerpo, en cuerpo de mujer.*
– *Es tarde, pero es nuestra hora.*
– *Espiritualidad para un mundo en emergencia.*
– *Te llevo en mis entrañas dibujada.*
MARTINI, C.M.: *Cambiar el corazón.*
– *La llamada de Jesús.*
MATTA EL MESKIN: *Consejos para la oración.*
MERLOTTI, G.: *El aroma de Dios.*
MOLLÁ LLÁCER, D.: *De acompañante a acompañante.*
MONARI, L.: *La libertad cristiana, don y tarea.*
MONJE DE LA IGLESIA DE ORIENTE: *Amor sin límites.*
MORENO DE BUENAFUENTE, A.: *A la mesa del Maestro.*
– *A pie por el Evangelio.*
– *Alcanzado por la misericordia.*
– *Amor saca amor.*
– *Buscando mis amores.*
– *Como bálsamo en la herida.*
– *Desiertos.*
– *Eucaristía.*
– *Gotas de agua en sequedal.*
– *Habitados por la palabra.*
– *Invitados a copas.*
– *Palabras entrañables.*
– *Te hablaré al corazón.*
– *Voy contigo. Acompañamiento.*
– *Voz arrodillada.*
MOROSI, E.: *¿Cuánto falta para que amanezca?*

Made in United States
North Haven, CT
10 September 2026

18419723R00114